打開天窗 敢說亮話

WEALTH

天窗出版

# 捕獲超值2線股

**K Sir 著**

# 目錄

# Chapter 1 認識二線股

# Chapter 2 順藤摸瓜，尋找關連機會

# Chapter 3 從大戶入手成本分析

# Chapter 4 回歸基本，從報表尋超值股

# 目錄

## Chapter 5 環球亂局下的高息選擇

## Chapter 6 分段部署 做好風險管理

# 推薦序

初識 Kyle 是在 2017 年初，當時華盛証券剛剛起步，是一家典型的創業公司，正在努力開展互聯網券商業務，過程非常艱苦。朋友剛剛介紹 Kyle 的時候，只是告訴我這是一位對投資股票很有經驗的朋友，因為我們的互聯網背景，希望我們能夠有合作火花。

與 Kyle 交談後，我發現他對投資股票有非常獨到的見解，甚至有些概念不曾聽過有人用在股票交易上。在極其嚴謹的邏輯中，平衡風險與回報的關係，令他屢屢在自己的策略中獲得成功。這讓我聯想到，其實相同的邏輯也適用於創業。無論是投資還是創業，其實都不是單純的冒進，或者躲避風險。多年的創業經驗告訴我，想要在競爭如此激烈的市場中找到一條創新的路徑，正確的做法是平衡風險和回報，既不能對風險不管不顧低頭向前衝，將自己放在隨時致命的位置上，也不能龜縮不前，把自己前進的道路堵死。

從此之後，華盛的同事們就與Kyle結下了不解之緣。一轉眼幾年過去了，華盛証券從當初剛剛起步的市場新人，已經發展成初具規模的互聯網綜合券商。在這過程中，Kyle在見證華盛發展的同時，也為華盛業務的推進提供了頗多建設性建議。無論在華盛的內部還是客戶中，Kyle通過分享他極其豐富的投資經驗，極具深度的市場洞察，甚至有時看似偏執的嚴謹方法，積累了一班非常喜歡並信任他的擁躉。包括我本人，也從Kyle的投資理念中受益良多。此次Kyle出書，是對他多年積累的投資經驗的一次總結，不僅梳理了他自己的投資邏輯，也為眾讀者與二級市場參與者提供了非常有價值的方法理論和思維方式。希望Kyle日後能夠繼續堅持他的信念，為市場及投資者們提供更多價值。

Jess  Cheung

華盛証券CEO

# 推薦序

印象中第一次接觸到Kyle的財經資訊已經是2013/14年左右的事了，由於自己本身都從事財經相關的工作，很多時都能夠自行找到所需要的資料，因此正常情況下都比較少看坊間的其他財經評論，直到朋友轉貼了一個Facebook專頁內容問我意見，而這個Facebook專頁便是當時的「Kyle股票投資分享區」（現在已經改名為「K Sir講股」），當時開始接觸後，便一直習慣每天早上追看Kyle每天的文章了，在網上認識到Kyle後，還有透過私訊請教對方和交流雙方的看法，往後更由Online to offline，包括通電話，甚至食飯聚會交流。

Kyle的商業味不濃但見解獨到，亦不會隨波逐流受局勢影響而過份樂觀悲觀的，他發文前亦會詳細考量讀者能承受的不同風險，從而提出不同的建議，最重要的是，他從來都是貫徹始終地提倡：「授人以魚，不如授之以漁。」

坊間不少理財書籍都集中在「迅速獲利多少」（魚），而忽略了培養最重要的基本功（漁），Kyle並不會是那種純粹「俾number」的老師，從Kyle身上學到的，遠超過我所想像。

在年齡上我比Kyle大，在年資上，我也比他久遠。但我得承認，Kyle絕對令我改進了投資上的想法和方法。在投資路上，能夠認識到Kyle絕對是能夠擴闊到我的投資視野，肯定是獲益良多，亦能夠增潤到我投資上的思維。Kyle的文章深入淺出，例子鮮明，看畢會令你有實際的反思而不自覺地改進，絕對是一本不可多得的投資參考書籍。

我強烈推介Kyle這本著作，身處在環球多變的轉型大時代，希望各位讀者都能夠透過詳閱Kyle的作品，從而獲得更廣闊的視界，並令自己有更豐裕的投資成果。

## Eric Shiu

CICC Sales & Trading Department Ex Vice President

# 自序

## 為何十多年來一直無償發文？

筆者出身於一個非常簡單的家庭。父母年輕時從內地移民到香港，學歷不高只能從事較基層的工作，供養父母的責任很自然便落到筆者這個大兒子的身上。而自己本身對數學的興趣甚濃，所以在中學的時候便決心在金融方面發展。後來在大學選科的時候，知道主修會計可以豁免大部份paper（筆者考的是英國會計師公會牌照，14張paper可獲豁免10張），所以最後便選擇了主修會計副修金融了。正因選讀了相關的課程，亦使筆者的人生出現了重大的轉變。筆者還記得，第一隻買的股票便是當時上市不久，股價不足20元的中國移動（0941，當年還未改名，叫中國電信（香港））。最後是賺是蝕已經無甚印象，但股價升升跌跌的感覺卻令筆者無法自拔，亦令投資成為筆者的終生興趣。

一如其他主修會計的同學一樣，筆者在畢業後順利進入了四大（當時還是五大）之一的KPMG。雖然工作上的收入尚算不俗，但面對日夜顛倒的工作量，可以抽身投資的時間實在少之又少，所以最後也如大部份同事一樣，考了牌做了數年便離職了。

當時恃著自己有財務報表的分析能力，同時亦有數年的股票投資經驗，於是便將自己的身家全數押注在幾隻股票之上。可是這些股份在買入後卻持續向下，賬面上出現了大幅虧損。在不願接受失敗的心態下，筆者不單沒有狠心止蝕，更選擇將大部份資金轉而買進衍生工具（當時還未有牛熊證，買的是認購輪證），期望在高槓桿的效應下可以一併追回損失。意想不到的是，不久香港便發生了「沙士」事件，而個人多年的積蓄亦全數蒸發。看著自己只剩下數千元的銀行戶口，又要面對工作和供樓的壓力（父母在2001年置業），讀者不難想像筆者當時的心情有多惡劣。

幸好當時年紀尚輕，工作方面亦相對穩定，所以情況亦很快改善過來。經此一役，令筆者明白到自己在投資市場的渺小，以及理解到風險管理的重要性。亦正因為當時徬徨無助的心情，令筆者決心踏上寫作之路，心想將來遇上面對同樣困境的人，亦能盡筆者所能提供一點方向。同時亦希望透過個人的文章，分享正確的投資心態以及風險管理的重要性。

# 工作與投資

與一般財經書籍的作者不同，筆者並沒有投行或証券界等相關經驗，但能夠自己悟出一套獨特的投資方式，甚至是現時出版成書，那亦和過往的工作不無關係。就讓我和大家分享一下，自己過去的工作經驗為投資帶來了的領悟：

## 四大會計師樓(KPMG)

作為筆者的首份工作，當核數師最大的好處便是令自己明白到財務報表之間的關連性。行內人都知道，單單砌一張Indirect Cashflow Statement的Schedule，已經可以將Profit and Loss Account及Balance Sheet連繫起來。同時，在對不同的資產及負債作出審查，亦令筆者知道哪些地方容易「出事」，哪些地方風險較低。

另一個重點，就是在工資提高的利誘下(Q pay 是4,000元！！)，極討厭讀書的筆者亦順利獲得了執業會計師的專業資格，為基本因素分析提供了穩健的基礎。

簡單而言，如果大家想學會從基本因素去尋找超值股份的話（不論是一線或二線股），投考會計師牌照可說是一個非常理想的起步點。

## 某本地房地產上市公司

和核數師的工作性質有點不同，商業機構是需要自己落手落腳去完成一份報告。大至一份公司年報，少至一條consolidated adjustment都要自己負責。先從核數師角度理解公司的overall picture，再從一個會計經理的角度去理解整份報表的製作過程，對整份年報亦有了更深入的理解。

## 全職投資

筆者在離開上市公司後，曾經有超過一年時間當全職投資者。雖然回報不比工作遜色，但考慮到為大兒子報讀幼稚園的前提下（竟然父母工作和職位也是申請資料之一），筆者唯有重投工作市場。當時作為一個全職投資者，投資回報便成為了筆者的主要收入來源，在面對股價下行壓力、如何捕捉超短線的投資機會等課題上，為筆者提供了極度寶貴的經驗。

# 為何選擇以二線股為本書的主題？

很多時候，市場都對二線股存有一定的誤解。除了個別喜歡作短線炒作的投資者外，不少投資者皆認為二線股必定沒有投資價值。加上新聞經常報導部份急升急跌的股份，更令市場將二線股標籤為「妖股」、「莊家股」等，買賣二線股份亦必然與投機或賭博劃上等號。即使現時筆者在撰文推介個別二線股份的時候，亦會有人在未有細讀文章前便全盤否定二線股份的投資價值。

現時市場上大部份的投資者，都是傾向聽取小道消息、或者是在完全沒有獨立思考的情況下跟隨坊間的貼士。而那些投資者的心態，亦是單向性希望股票一買便急升，短時間能賺取可觀的升幅便離場。更甚的是，部份投資者明知道個別股份投機成份甚濃，但仍堅信自己不會成為最後一個接火棒的人，最後虧損離場的時候卻只會抱怨二線股是騙人的東西。老實說，如果抱著此種心態去投資，即使是買入藍籌股或國企股等一線股份，很大可能亦是損手收場。

無可否認，部分二線股確實完全沒有投資價值，其股價升跌全由少部份資金雄厚的投資者所推動（即市場所謂的莊家）。但這亦不代表所有二線股份皆沒有投資價值。其實有不少大型企業，如早年的騰訊（0700）以及近年冒起的瑞聲科技（2018）及舜宇光學科技

（2382）等，上市時不也是一隻二線股份？投資者在二線股份經常
蒙受損失，主要是由於在投資前欠缺充分的分析，正式買入前亦沒
有好好計劃投資部署（只會想升到甚麼水平便獲利），因此才會接
連出現虧損的情況。

筆者撰寫此書，是希望透過實際例子作分享，示範如何在高回報低
風險的情況下在二線股獲利，亦會提醒讀者在投資相關股份時值得
注意的地方，為讀者打開投資二線股的勝利之門。

而在目前香港前景存在重大不明朗因素、基層市民生活面臨重大挑
戰的環境下，筆者亦打算將此書的收益全數捐予慈善機構，一方面
為社會略盡綿力，另一方面亦希望以身作則，教導兩位孩子施比受
更有福的道理。

# 1

## 認識二線股

# 1.1

# 二線股，是甚麼？

本書既以發掘二線股為出發點，大前提當然要先跟讀者介定一下何謂二線股。

一般投資者皆會以市值作為衡量一線和二線股的分別，市值大的便被視為一線股份，市值細的則是二線股份，部份投資者甚至會基於市值再細分為三線、四線、五線股等等。不過公司的市值其實只是基於公司股價乘以已發行股份數目，這和公司本身的質素並沒有任何關連。舉一個例子，2018年其中一間香港主板上市的公司雅高控股（3313），高峰期市值曾經急升至約470億元（現時市值已下跌至只有3億元多），市值甚至比不少國企成份股還要高，但相信沒有投資者會視此為一線股份吧！

因此，筆者並不會以市值作為一線股和二線股的分界線。只要簡單符合一點：受市場所忽略的股份，皆可以視為二線股。筆者亦無意再將二線股細分為三四五線股等等。當然，是否被市場所忽略也涉

及一定主觀性判斷,而筆者則會參考下面幾點去決定:

- 著名機構投資者不是主要股東

按上市規則規定,任何股東持有(或因行使衍生工具而持有)上市公司總發行股份之5%或以上時,便必須向港交所申報並反映於披露權益之內。假如著名的基金或機構投資者出現在披露權益中,那自然會吸引市場投資者的注意。

## – 日均成交量普遍偏低

成交量之多寡一般視乎市況而定，但一般而言筆者會以 1,000 萬港元之單日成交額作參考。如果長期成交量低於此水平（甚至沒有成交），便可視為被市場忽視的股份。

## – 沒有任何投資銀行研究報告作參考

投資銀行（俗稱投行）本身也是牟利機構，出具研究報告當然也會以市場需求為出發點。因此，投行亦不會選擇花時間及成本在未受市場重視的股份之上。但從另一角度看，這亦促使部份優質的公司被埋沒。

## – 大部份時間波幅偏低，不會經常在二十大升幅或跌幅榜出現

當股份波幅較大時，無論公司是否有投資價值亦會吸引到一批短期炒作的投機者。特別是當股份急升或急跌而打入二十大升幅／跌幅榜時，市場的留意度亦會同步急升，那便不能合乎市場被忽略的定義。

反過來說，當股份成交及波幅亦低時，那代表買入股份亦未必容易短線獲利離場，單單是「耐性」兩字已可令不少投資者卻步。

# 1.2

# 買二線股的好處

為二線股概括地下了定義後，現在想談談投資二線股的好處，包括
（1）具獨立性、（2）波幅大而潛在回報高、（3）估值被低估的可能
性大及（4）進場成本低。一旦命中優質的二線股，能獲得高回報的
可能性便大大提高。

## 具獨立性，不強制跟大市走

二線股的其中一個特性，是Beta很少會接近1，這類股的Beta一
般都大過1或低於負1，而大部分筆者命中的大升二線股，Beta都
距離1很遠。Beta是否接近1，有甚麼重要？就讓筆者先來解釋
Beta是甚麼。

從學術的角度看，Beta是一個衡量投資對象相對於整體大市表現之
波動性的工具。當Beta為正數時，相關股票的走勢與市場亦會傾

向一致；當 Beta 為負數的時候，則代表了相關股份的走勢與大市有逆向的表現；而 Beta 為 1 的時候，那就代表相關股票與市場走勢完全一致（盈富基金（2800）主要追蹤恒生指數表現，其 Beta 就很接近 1 了）。而隨著 Beta 越大（或負得越大），相關股票的波動幅度亦會越大。

舉例說，如果一隻股份得出的 Beta 為 3，當大市上升 1% 時，那隻股份理論上會上升 3%。如果 Beta 出現負數的話，那代表股份和大市走勢有反向的情況。同樣以例子說明，如果某隻股份的 Beta 為 -3，那當大市上升 1% 時，那隻股份反而會跌 3%。2019 年於市場內推出的恒指反向產品便是 Beta 為負數的最佳例子，就以 FI 二南方恒指（7500）為例，其表現為恒生指數兩倍的反向表現，那 Beta 就是 -2 了。亦即是在理論上來說，如果恒指升 1%，FI 二南方恒指便會反方向下跌 2%。

**圖表 1.21　FI 二南方恒指（7500）與恒指表現背馳**

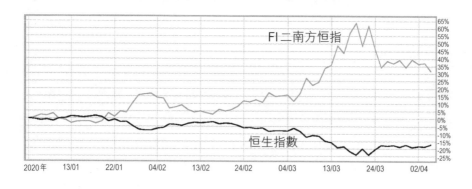

24

Beta如何計算得出來？以下是Beta的公式，不過要解釋就較複雜。簡單來說就是將個股歷史性的波幅表現（分子），和大市指數的歷史性波幅表現（分母）作比較。二線股是高Beta股份，其波幅明顯較市場為高。熱炒的二線股份單日隨時有10%以上升幅，但歷史上恒指出現單日大升或大跌超過10%的情況，可說是寥寥可數。

$$\beta_a = \frac{\text{Cov}(r_a, r_m)}{\sigma_m^2}$$

至於一線的股份，它們多數被納入於指數之內（如恒指成份股、國企成份股等等）。即使是市場被視為避險工具的公用股，亦不過是因為Beta較低（但仍處於正數水平），在指數大跌時跌幅亦相對溫和，才給予投資者逆市而行的錯覺。

## 沒被動沽售限制

從市場行為來看，當指數向下的時候，為了追蹤相關指數的表現，基金及其他機構投資者亦需被動沽出相關股份。因此，在整體大市表現惡劣的情況下，投資者往往難以從大型股份中獲取理想的回報。反過來說，由於二線股沒有被動沽售的限制，它們受大市氣氛的影響亦較低。有時候更會因為大市無甚方向時，吸引資金流入二線股尋找機會，造成股價大幅跑贏大市的情況。

## 指數持平時亦能跑贏

一個非常簡單的例子，無論今天恒生指數報升或報跌，佔據市場首十大升幅及跌幅的股份，大部份必然是市值較低的二線價股為主。即使恒生指數持平，亦必定有大幅跑贏市場的小型股份出現，這正好反映了二線股市場有其一定的獨立性，因為炒賣二線股的投資者，和炒賣指數成份股的投資者不同，前者沒有因要追蹤指數而出現的被動表現。當然也有同時炒賣兩者的投資者存在，但他們對二線股的影響力亦相對較低。綜觀市場的投資者（包括坊間分析及散戶間的問題）的行為，主要參與二線股份買賣的都是以技術分析，

或者是炒作新聞概念為主。能夠善於捕捉投資機會的話,即使在指數持續持平的時候,亦能夠有理想的表現。筆者在2019年11月1日經濟通推介了歌禮製藥(1672),當日低位為3.37元,同月25日升至最高5.15元(52.8%升幅),而恒指同期則只微升1.2%(以11月1日之低點及11月25日之高點作比較)。

### 圖表1.22 細價股是升幅榜常客

| | 代號 | 名稱 | | 按整價 | 變動 | 變動率% | 成交金額 | 成交股數 |
|---|---|---|---|---|---|---|---|---|
| 1. | 01708 | 三寶科技 | ↑ | 2.300 | +1.150 | +100.000% | 28.490M | 12.688M |
| 2. | 08196 | 建禹集團 | ↑ | 0.540 | +0.140 | +35.000% | 32.560K | 84.000K |
| 3. | 01231 | 新礦資源 | ↑ | 0.790 | +0.190 | +31.667% | 4.740K | 6.000K |
| 4. | 08242 | 新威斯頓 | ↑ | 0.068 | +0.015 | +28.302% | 162.250K | 2.560M |
| 5. | 01488 | 百福控股 | ↑ | 0.930 | +0.180 | +24.000% | 4.120K | 4.000K |
| 6. | 08051 | 訊智海 | ↑ | 7.990 | +1.490 | +22.923% | 52.676K | 6.600K |
| 7. | 01950 | 深藍科技控股 | ↑ | 1.030 | +0.190 | +22.619% | 4.297M | 4.716M |
| 8. | 08238 | 惠陶集團 | ↑ | 0.183 | +0.033 | +22.000% | 7.440K | 40.000K |
| 9. | 02277 | 華融投資股份 | ↑ | 0.310 | +0.050 | +19.231% | 317.050K | 1.055M |
| 10. | 08259 | HON CORP | ↑ | 0.063 | +0.010 | +18.868% | 258.028K | 4.692M |
| 11. | 08063 | 環球大通集團 | ↑ | 0.040 | +0.006 | +17.647% | 14.250K | 350.000K |
| 12. | 00442 | 海福德集團 | ↑ | 1.580 | +0.220 | +16.177% | 1.600K | 1.000K |
| 13. | 02293 | 百本醫護 | ↑ | 1.180 | +0.160 | +15.686% | 47.600K | 40.000K |
| 14. | 01591 | 汛和集團 | ↑ | 0.023 | +0.003 | +15.000% | 67.160K | 2.860M |
| 15. | 01612 | 永勝醫療 | ↑ | 0.830 | +0.100 | +13.699% | 14.050M | 17.056M |
| 16. | 08341 | 艾碩控股 | ↑ | 0.275 | +0.032 | +13.169% | 726.790K | 2.680M |
| 17. | 09919 | 艾德韋宣集團 | ↑ | 0.690 | +0.080 | +13.115% | 4.133M | 6.136M |
| 18. | 08621 | METROPOLIS CAP | ↑ | 0.147 | +0.017 | +13.077% | 249.669K | 1.832M |
| 19. | 08501 | 莊皇集團公司 | ↑ | 0.520 | +0.060 | +13.043% | 5.420K | 10.000K |
| 20. | 01343 | 偉源控股 | ↑ | 1.500 | +0.170 | +12.782% | 5.016M | 3.415M |
| 21. | 00987 | 中國再生能源投資 | ↑ | 0.144 | +0.016 | +12.500% | 1.412K | 10.505K |
| 22. | 01797 | 新東方在綫 | ↑ | 31.600 | +3.300 | +11.661% | 201.455M | 6.669M |
| 23. | 02133 | 信盛礦業 | ↑ | 0.029 | +0.003 | +11.539% | 56.813K | 2.137M |
| 24. | 08018 | 匯財金融投資 | ↑ | 0.058 | +0.006 | +11.539% | 43.810K | 830.000K |
| 25. | 01753 | 兌吧 | ↑ | 2.390 | +0.240 | +11.163% | 949.144K | 437.600K |
| 26. | 02003 | 維信金科 | ↑ | 7.020 | +0.630 | +9.859% | 3.722M | 540.600K |
| 27. | 08310 | 大豐港 | ↑ | 0.244 | +0.024 | +10.909% | 7.080K | 30.000K |
| 28. | 00397 | 權威金融 | ↑ | 0.103 | +0.010 | +10.753% | 8.217M | 80.899M |
| 29. | 08270 | 中國煤層氣 | ↑ | 0.031 | +0.003 | +10.714% | 3.720K | 120.000K |
| 30. | 06160 | 百濟神州 | ↑ | 88.400 | +8.400 | +10.500% | 12.597M | 146.200K |

## 圖表1.23 跌幅榜也多見細價股踪影

| | 代號 | 名稱 | | 按盤價 | 變動 | 變動率% | 成交金額 | 成交股數 |
|---|---|---|---|---|---|---|---|---|
| 1. | 08300 | 皇璽餐飲集團 | ↓ | 0.025 | -0.014 | -35.897% | 248.040K | 8.060M |
| 2. | 08430 | 春能控股 | ↓ | 0.049 | -0.020 | -28.985% | 676.430K | 13.715M |
| 3. | 02882 | 香港資源控股 | ↓ | 0.089 | -0.034 | -27.642% | 1.217M | 13.568M |
| 4. | 01483 | 譽宴集團 | ↓ | 1.250 | -0.300 | -19.355% | 532.840K | 412.000K |
| 5. | 00195 | 綠科科技國際 | ↓ | 0.101 | -0.024 | -19.200% | 1.920K | 20.000K |
| 6. | 08417 | 大地教育 | ↓ | 0.035 | -0.008 | -18.605% | 26.660K | 760.000K |
| 7. | 08465 | 高科橋 | ↓ | 0.840 | -0.160 | -16.000% | 3.320K | 4.000K |
| 8. | 08315 | 長城匯理 | ↓ | 0.095 | -0.018 | -15.929% | 11.400K | 120.000K |
| 9. | 03344 | 共享集團 | ↓ | 0.018 | -0.003 | -14.286% | 339.582K | 18.608M |
| 10. | 01702 | 東光化工 | ↓ | 2.030 | -0.330 | -13.983% | 16.240K | 8.000K |
| 11. | 01395 | 強泰環保 | ↓ | 0.102 | -0.016 | -13.559% | 3.850K | 35.000K |
| 12. | 00456 | 新城市建設發展 | ↓ | 0.084 | -0.013 | -13.402% | 79.200K | 940.000K |
| 13. | 02212 | 高鵬礦業 | ↓ | 0.013 | -0.002 | -13.333% | 108.600K | 7.780M |
| 14. | 01742 | HPC HOLDINGS | ↓ | 0.085 | -0.013 | -13.265% | 47.040K | 560.000K |
| 15. | 00632 | 中港石油 | ↓ | 0.495 | -0.075 | -13.158% | 54.478K | 107.600K |
| 16. | 08472 | 立高控股 | ↓ | 0.375 | -0.055 | -12.791% | 3.320K | 10.000K |
| 17. | 01226 | 中國投融資 | ↓ | 0.042 | -0.006 | -12.500% | 81.054K | 1.624M |
| 18. | 08326 | 同景新能源 | ↓ | 0.176 | -0.024 | -12.000% | | |
| 19. | 02303 | 恒興黃金 | ↓ | 2.480 | -0.330 | -11.744% | 1.933M | 754.000K |
| 20. | 03822 | 三和建築集團 | ↓ | 0.091 | -0.012 | -11.650% | 1.456K | 16.000K |
| 21. | 00361 | 順龍控股 | ↓ | 0.038 | -0.005 | -11.628% | 18.860K | 480.000K |
| 22. | 08055 | 中國網絡信息科技 | ↓ | 0.040 | -0.005 | -11.111% | 8.760K | 216.000K |
| 23. | 08222 | 臺照明 | ↓ | 0.040 | -0.005 | -11.111% | 2.400K | 60.000K |
| 24. | 01338 | 霸王集團 | ↓ | 0.068 | -0.008 | -10.526% | 544 | 8.000K |
| 25. | 08029 | 太陽國際 | ↓ | 0.206 | -0.024 | -10.435% | 626.555K | 3.010M |
| 26. | 00223 | 易生活控股 | ↓ | 0.070 | -0.008 | -10.256% | 2.920K | 45.000K |
| 27. | 02366 | 星美文化旅遊 | ↓ | 0.088 | -0.010 | -10.204% | 23.865K | 280.000K |
| 28. | 02987 | 恒嘉融資租賃 | ↓ | 0.170 | -0.019 | -10.053% | 4.542K | 27.000K |
| 29. | 00263 | 高富集團控股 | ↓ | 0.150 | -0.015 | -9.091% | 15.296K | 104.000K |
| 30. | 06193 | 泰林建 | ↓ | 1.240 | -0.130 | -9.489% | 1.131M | 876.000K |
| 31. | 00329 | 東建國際 | ↓ | 0.860 | -0.090 | -9.474% | 24.360K | 28.000K |
| 32. | 00131 | 卓能（集團） | ↓ | 2.380 | -0.245 | -9.333% | 124.340K | 51.000K |
| 33. | 08622 | 華康生物醫學 | ↓ | 0.118 | -0.012 | -9.231% | 34.600K | 280.000K |

## 圖表1.24 市況持平時，細價股跑贏大市例子

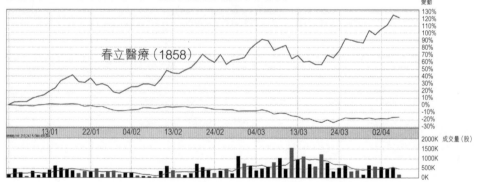

# 波幅較大，潛在回報較高

受到客觀條件所影響（如市場關注度偏低、單日成交量不高等），二線股份的波動程度遠比一般指數股份為高。而無論是作短線或長線的投資選擇，此等股份的潛在回報水平亦比大型股份為高。

1）從短線角度看，當公司出現對股價敏感的消息時（如公司發出盈利預喜／盈利警告，或者是出現併購活動等），市場的關注度突然大幅提高，而促使投資者參與度大幅提升。在股票供求短期出現不平衡的情況下，股價便有機會出現大幅向上的情況。再加上短線投機者的趨勢性炒作，股價升幅亦會進一步擴大。讀者留意市場消息的話，亦會發現倍升多數只在二線股份出現。

就以實戰篇中的百仕達控股（1168）作為例子，單單以一個「眾安在線概念」便足以令其股價在兩個月（2017年7月至9月）內上升了超過100%。而隨著市場對利好消息的淡化，其股價亦在兩個月後從高位回落了近50%（那已等同了打回原型！），引證了細價股大升大跌的情況。而筆者選中此股的經過，會在稍後再詳細交代。

2）從長線角度看，優質的二線股份往往被市場所忽視，其股價亦

較容易出現股價遠低於合理估值的情況。例如筆者稍後會提到的實例亨得利（3389），這間公司在分析時的每股資產淨值最少值每股0.62元，但市場的價格為0.3元，即資產淨值與市價相比，有超過50%折讓，這就顯示估值明顯不合理地低。假如能夠在估值吸引時買入，其回報率會遠遠高於買入一隻市場認受性高之股份。不說的話讀者可能不知，騰訊於2004年6月上市時，其每手入場費（招股價3.7元，未計及2014年一拆五的調整）亦不過是數千元。若以當時市值約62億元的規模看，當時也不過是一隻二線股份罷了，又有多少人會想到它現時會成為本港市值最大的藍籌股呢？

凡事總有其利亦必有其弊，當股份潛在回報越高時，其潛在的下行風險亦相對較大（這才是波幅的真正意思！）。至於如何在兩者中取捨，筆者會在往後的文章作出交代。

## 被市場忽視　帶來機會

有不少機構投資者，在投資時面對一定限制。例如，部份基金只限買入指數相關股份，或者是市值高於某水平的股票。因此，為迎合該等投資者之口味，投行之分析皆集中於市場認受性較高之股份（包括市值，公司規模及知名度等等）。

就以滙豐控股（0005）為例，公司在公布業績前，不少投行均會按其內部分析為業績作出預測，而在業績公布後，亦會有不少報告跟進股價及評級。雖然偶爾會出現大幅超出預期上限或下限之業績，但整體偏離的程度相對有限（否則投行便沒有價值了）。

除了業績期外，每當企業出現大型行動，投行亦即時作出分析並對股價及評級作出相對應調整。正如港交所（0388）於2019年9月公布併購倫敦交易所的可能性，以及在同年10月宣布放棄併購行動，不少投行亦即時對相關行動作出分析，並重新審視其評級及目標價。簡單來說，大型企業的表現皆逃不出投行的「法眼」。

正因所有行動皆會受到市場注視，很多時候此類股份表現皆處於市場預期之內。投資者若想捕捉可觀的利潤，那就必須要有非常獨特的見解及對公司有深度的認識，能夠正確地作出市場預期之外的分析並從中獲利。但作為一個普通的散戶，獲取市場資訊的速度一定較慢，作出反應時往往已經是「慢了 N 拍」；而對比擁有大量分析專才的投行，散戶的分析能力更是有所不及。撫心自問，讀者認為自己有沒有機會接觸到公司管理層，從而對公司有更透徹的了解？又有沒有能力比投行更準確地預測到某一隻藍籌股的業績？如果不能，那讀者亦只能參考這些投行的報告去行動，試問又怎可能捕捉到可觀的利潤呢？

反過來說，基金和投行受到其自身限制而未能對小型股份作出分析和投資，相對上這些股份的參與者能力水平普遍偏低。另外，因為一線股有基金及投行等專業人士操作，所以出現價格大幅偏離合理估值的機會亦會較低，減低了發掘超值股份的可能性。二線股少了這類投資者參與，機會自然更大。

上述筆者所指的二線股，不包括部份被莊家操控、但沒有實際投資價值的股份。因為當莊家股股價上升時，便會被捧高至極不合理水平；同樣在股價下跌時，亦有機會出現大幅低於合理估值的情況，唯當中的升跌卻全由資金推動所致，並沒有任何分析可言。當然，

一線股份亦有可能出現急挫的情況。例如自2020年3月起，因新冠狀病毒擴展至歐美英等地，對經濟停頓的憂慮而造成全球恐慌性拋售下，包括藍籌股在內的股份都可以跌至極不合理水平，甚至可以說是深不見底。但一般在穩健型的股份上，下跌是有原因可追溯的，這些原因可以是疫情，或是企業出現債務危機等等，而莊家股則可以不問情由地大升大跌。筆者不會排除有部分投資者真的做足準備功夫才作出投資決定（如市場所認識的股壇長毛David Webb），但此類投資者在港股市場的比例可說是相當之低，而他們對股份短期走勢的影響力亦相對有限。

假如投資者能在估值偏低時買入股份，即使股價回復至正常水平已經可以獲得不俗的利潤。若能進一步於高於合理估值時沽出，出現倍數回報的可能性亦不低。筆者亦會在往後的實戰篇解釋一下實際的操作方式。

# 入場成本相對低

在香港股票市場，股票買賣主要是一手作為買賣單位（筆者不在此談及碎股市場）。就以港人熟悉的滙豐控股為例，每手的交易單位為400股，若以2020年3月中旬的市價約每股45元計算，一手的成本已高達18,000元。對於一般散戶來說，投入於股票市場的資

金有限，動輒數萬元的藍籌股亦非容易負擔的金額。反而，不少二線股的每手成本偏低（一手只需數千元便可交易），相對上「上車」亦會容易得多。

成本低的優勢除了提供入場的機會外，對於資金有限的投資者亦提供了兩大優勢：

## 1）分散投資

即使是再優質的藍籌股，亦有其非系統性風險（unsystematic risk）存在，只不過風險程度相對較低。而要減低系統性風險，便必須透過分散投資才能達到。由於二線股的每手成本較低，投資者亦不用將有限的資金集中在個別的股份之上。

就以一個總投資額十萬元的投資者為例，買入一兩隻藍籌股可能已經出現滿倉的情況，但實際上分散風險的能力卻相對有限。但以同樣的總投資額，已足以買入數隻行業背景、營運地區不同的二線股份作分散投資。

## 2 )分注買賣

正如筆者一直強調，要準確捕捉最低點買入和最高點賣出，即使是最優秀的分析員亦沒有可能持續做到。因此，投資者必須有心理準備，出現在買入後股價繼續往低走、或是在賣出後繼續向上的情況。即使投資方向正確，但假如手上的資金只能夠買入一手的話，亦很容易因為下注或離場的時機不對而錯失獲利的機會。當進場成本下降，投資者便能以分注的形式買入或賣出股份，在均價效應下，亦可減低過早買入或賣出而帶來的誤差。

同樣以上文的滙豐控股為例，一手滙控的成本可能已足以分三注買入一隻每手成本6,000元的二線股了。能夠分三注買入，不單能減低過早買入第一注的風險，同時亦自然可以分三注出售，從而減低過早沽出而錯失更大升幅的風險。

至於分注進出的技巧，筆者將在往後的部份作出更詳盡的解釋。

# 1.3

# 注意風險 應對有計

凡事皆有正反兩面，前文所提到有關投資二線股份的好處，如果從另一個方面看，某程度上亦正好是其缺點所在。為了讓讀者可以從一個較客觀的角度出發，筆者就簡單講解一下買賣二線股份存在的一些缺點，但並非不能應對，筆者會並列出一些應對方法。

## 成交量偏低

除非公司有特別行動出公告，否則二線股也不會受到市場注目，其成交量亦會明顯比一線股份為低。在買賣兩閒的情況下，一天只有數萬元甚至乎零成交量也不足為奇。試想想，假如大市處於急升的情況，不少藍籌股也同步上升，但手上的股份卻紋風不動（正正是由於市場關注度低），心理上的壓力絕對不輕。假如股價出現逆市下跌，更有機會質疑自己的決定是否正確。

面對這些情況，筆者有以下兩項建議：

1）買入時必須有充分的理由。所謂充分的理由，可以根據投資者的出發點而不同，例如已經作了合理分析，也知道股份的爆發點在哪裡等等（詳細會在之後的實戰篇再講解）。只要有合理的理由，記住初衷，那才可以讓自己有信心及耐性繼續持有股份。假如單靠別人的建議或是無目的地跟隨走勢投機性下注，信念便會很容易受到動搖而作出錯誤決定。無論是早沽了或者是在無信心下止蝕等等，都不是好事，而只要讀者當初買入的理由不夠充分，這是很容易會

發生的，因為一開始讀者便沒有基礎來支持自己。最後只會落得買入賣出一場空，好彩的可能沒有太大損失，但能夠獲得正回報的機會就微乎其微。

2）不要將二線股視為持倉核心。如果投資組合內同時持有不同類型的股份（包括一線股和二線股），那整體組合表現便不會被大市遠遠拋離。至於甚麼比例適合則因人而異，並沒有特別的標準。但相信符合非核心定義，自然就不應該超過50%了。投資者亦可從幾方面去考慮持股比例，如下面的問題答案是yes，那持有二線股的比例則可以相應提高：

1）自身能否產生穩定收入來源；2）心理上能否承受較大的損失；3）年紀尚輕（５０歲或以下），尚有長時間工作能力；4）家庭或其他金錢上的負擔不高（如日常生活開支，供樓支出等）；5）投資心態是否以長線為主。

## 市場深度問題

其實此缺點同樣源於市場關注度低的問題。在一般情況下，二線股的投資者並不會積極在市場進行買賣，所以平常處於買盤（或賣盤）的數量皆不多。一旦有持貨量較多的投資者因自身原因（如急於套

現）而沽貨，在羊群效應的心理下便會有短線投機者跟隨。短期驟增的沽壓有機會令股價在短期出現明顯低於合理水平的情況。如果訂立止蝕的位置欠佳，有機會出現止蝕離場後急速反彈的情況。

建議：

1）不應將止蝕位置剛好定於支持位置之上，小部份的水位可以避免出現假突破的情況，同樣在之後的實戰篇會詳細講解。

2）在執行止蝕過後如出現急速反彈，應先留意一下有否忽略市場重要消息。如果買入原因未有變化，而回升亦有成交量支持配合，可考慮在企穩支持位置時重新買入。雖然感覺上有點「蝕章」，但假如錯失其後巨大的升浪可能代價更高。這點同樣在之後的篇章作詳細講解。

# 企業管治風險較高

由於缺乏投行及基金等大型機構作監察，二線股份的消息來源多數只能倚靠公司提供的資料（如年報及公告等）及市場發放的新聞資訊。假如管理層刻意造假的話，那所有基本因素分析也是徒然。過往也有不少看似穩健的公司，但卻突然出現清盤的消息，如已於2019年12月23日被除牌的輝山乳業（6863），甚至是多年前筆者也差點中伏的遠東生物製藥（0399，公司已重組，現名為領航醫藥及生物科技。）

輝山乳業在2013年9月上市，融資規模高達10億美元。加上有挪威中央銀行，伊利（內地巨型乳製品公司）及中糧等基礎投資者入股，所以亦沒有太多人認為輝山乳業會出事。其後在2016年，即使受到沽空機構渾水（Muddy Waters）所狙擊，亦因為接連回購（不過當時筆者已建議讀者不要沾手了）而令到股價回升至3元之上

水平。惟在2017年3月24日，公司突然急挫並停牌（由上日2.8元跌至當日收市位0.42元，足足跌了85%），更因造假的消息曝光而一直停牌至今。

而遠東生物製藥於2000年8月上市，筆者在2003年（實際時間太遠已無印象及記錄）看到此股股價穩步上揚，同時公司的財務表現亦見理想（收入、盈利及派息皆穩定上升，手持淨現金亦高達數億元人民幣），連當時作為一個準執業會計師的筆者也察覺不到問題所在。

在2014年6月27日，公司股價突然大幅急挫92%，更被港交所在收市前數分鐘勒令停牌，才傳出大股東抵押股份被斬倉、公司誇大盈利及造假等消息。若非公司債務重組後得以在2018年復牌，可能現時已經被港交所除牌了。

唯一慶幸的，是當年買入後仍穩步上揚，有幸於微利的情況下離場（印象中是10%左右回報），否則已經血本無歸。而這亦是第一次筆者真正感受到股價下挫的威力，將來對民企及造假問題亦特別有戒心。

建議：

1）嚴守止蝕位

作為一般投資者，要真正了解一間公司其實是非常困難。由於很多時公司「出事」之前皆會有出現異動的情況，如果投資者能夠嚴守其訂下的止蝕位置，可以脫身的機會其實也不低。

2）投資者在衡量企業價值的時候，應該任何時候都打一點折扣。例如：

－將企業負債水平盡量放大，難以估值的資產則不要包括在計算之內（如無型資產及應收賬款等）。

－不要對企業前景作過份樂觀的預期。

－避開新上市的企業，因業績參考價值不大（上市前傾向粉飾財務數據以提高估值），最好參考公司過往五年或以上的業績。

－從可靠性較高的角度出發（如大股東自掏腰包比公司回購可靠性高，手持現金必比應收款項的可信性高）。

－留意管理層質素。由於投資者多數只能從報章或其他公開資訊去了解公司的管理層，當中的真確性自然會大打折扣。當然，有往績

（例如李嘉誠的投資眼光便無容質疑）作為參考的可靠性定必大幅提高，卻未必能百分百盡信。而遇上公司管理層跳船或核數師辭任的話，更是要加倍留神了。不要相信核數師單因審計費未能達成共識而辭任，亦不要相信董事辭任與董事局並無任何分歧，這些不過是官方式說法罷了（例外也有但必定不多）。

－核數師意見如何。在以往，保留意見是指核數師在表達其看法有保留，甚至是無法提供意見，有些情況是可以理解（如更換核數師而對去年比較數字無法提供意見），但更多的是公司出現了一定問題而令核數師對意見有保留。沒有任何問題的話，核數師提供的將會是無保留意見報告。

現時在字眼上作出了一定修改，沒問題的報告通常會註明：

我們認為，該等綜合財務報表已根據香港會計師公會頒佈的《香港財務報告準則》真實而中肯地反映了貴集團於ＸＸＸ年ＸＸ月ＸＸ日綜合財務狀況及其截至該日止年度的綜合財務表現及綜合現金流動，並已遵照香港《公司條例》妥為擬備。

# 1.4

# 投資心法：
# 先確認6大指標

對於任何一項投資（不論是股票中的一線或二線股份，甚至是物業、黃金或其他投資產品），個人都是跟隨同一套思維模式去決定。

## 1) 買入原因

無論是技術分析還是基本因素分析，投資者必須要有一個清晰的買入原因。當有了這個主題後，投資者便可容易判斷何時需要為投資計劃作出修正（假設止蝕條件未觸及）：

例子一：買入某公司是由於其派息比率高達7%，但同時對資本增值沒有任何期望，那投資者便不應為了股價的上落而重新審視自己的計劃。只要該公司能維持其派息水平，買入的原因便仍然成立。

例子二：買入某公司的原因是每年其複合增長率高達20%，市盈率（PEG）水平明顯較同業吸引。那在公司公布新一輪業績、或出現

其他與業務有關的重大消息前，投資者並沒有其他理由隨意調整自己的策略。

例子三：因為某公司的新產品銷售理想，預期公司盈利大增並帶動股價上升。如果該公司公布業績時利潤並沒有明顯增長（例如受開支同步大增所拖累），明顯地那買入原因便不再成立，投資者亦應即時調整投資策略，甚至考慮沽貨離場。

當然，買入的原因可以是多於一個（那代表吸引力越大），但代價是調整計劃的可能性亦同樣大增。因此，筆者會建議投資者找出一個最主要的原因（即賣點）作為整個投資計劃的核心。

# 2) 持有時間

投資者容易犯上的一個錯誤，就是沒有為自己的投資訂立一個明確的持有時限。最常出現的，是投資者入市是純粹趁勢短炒，奈何卻因賬面上的虧損而變成長期持倉，即俗語所講「短炒變長揸」。無論股票多優質、股價走勢有多理想，當中亦有強勢和弱勢及股價波動的情況。因此，對於一隻股票的看法，短期（如少於一個月）或長期（如一年或以上）可以是完全兩回事。如果無法搞清楚持有時間的長短，那又如何作出相對應的策略？

對於長短的定義，每個投資者皆有不同的看法（筆者的長期可以是十年或以上），對於講求客觀的筆者而言，投資者最好是用一個實際時間去訂下自己的持有時間（如一個月、三個月或一年）。

如果持有的時限屆滿，但其他指標並未有出現改變（即買入原因不變，目標價及止蝕價皆未有在期內觸及），那投資者可以基於當時的市況（包括股價及其他早前未有考慮到的新消息）去決定是否繼續持有（變相就是另一個新的投資計劃），或是沽出換馬至更有投資價值的地方。

# 3) 止蝕位置

買入一隻股票時，總有萬千個理由看好，否則投資者也不會願意花真金白銀進場。但無論投資者的功力有多深厚、分析有多詳盡，股票市場瞬息萬變，往往亦會出現意料之外的走勢。即使被市場視為股神的巴菲特，他的投資第一條準則亦是保證本金安全並不要虧損，這條準則的重要性甚至高於普羅大眾所認識的「別人貪婪我恐懼」，可見透過止蝕去減低虧損風險有多重要。

本書之後會分享幾種訂下止蝕位置的方法，以及其相應的好處和壞處，所以不在此重複。但有一點必須提醒讀者，止蝕位置只能向上調整（風險同步減低）但不可向下調整，觸及止蝕位置時亦必須嚴格執行，否則計劃便會變得毫無意義。

# 4) 目標價

買入股票後股價向上，當然是一件值得令人高興的事，但到底在何時獲利離場同樣亦是一個學問。當股票步入升軌的時候，投資者多數抱有同一個疑問：「如果我現在沽了，那再升的話豈不是會錯失更多的利潤？不過如果我繼續持有，快速回落而蒸發了現時手上的利潤，那怎麼辦？」如何應對此困惑，本書下文提到的離場技巧以

及實戰例子會提供明確答案。不過筆者想在此指出，如果投資者在一開始便有一個（或數個）清晰的目標價後，那便不會因為突然的急升而失去方寸，亦不會受到市場氣氛影響（急升時上行的可能性總是無限延伸）而作出錯誤的決定。

# 5)計算值博率

投資前先計值博率，目的就是希望讀者可以建基於理性的數據，在比較下得出更具值博率的股份才作投資，以免只看重潛在回報較大、忽視了下行風險而做錯決定。適當運用值博率更能提高投資勝

算。在市場環境出現變化時,投資者亦可以客觀地審視現有的計劃而作出相應的調整。後文亦有提及計算值博率的方法和例子。

# 6) 考慮進場金額

除了訂立止蝕位置外,注碼上的調整亦是另一個風險管理的重要因素。即使止蝕位置訂得再好,如果將資金過份集中投入於某一股份之上,亦很容易造成不必要的心理壓力。當涉及個人主觀感情越多,作出不理性的決定可能性亦會越高。下面幾項為筆者主要考慮到的因素,讀者可以作為一個基本參考:

|  | 進場金額關係性 |
|---|---|
| 股價波動性 | 反向 |
| 值博率 | 正向 |
| 與其他持倉的相關性 | 反向 |
| 投資時間長短 | 正向 |
| 市場氣氛 | 反向 |

讓我再就以上的圖表解說一下。

**股價波動性和進場金額的反向關係:**

當股價波動時,亦即相關投資出現高回報或高損失的機會便愈高。從風險角度看,減低進場注碼可避免承受巨大損失;而從回報角度

看，高回報比率亦抵銷了低本金投入的影響。

## 值博率和進場金額的正向關係：

當一隻股份值博率越高，可以從投資中獲利的機會亦越大，所以投資入金額可以相應增加。

## 與其他持倉的相關性和進場金額的反向關係：

當投資的投資組合中，已經有一隻（或多隻）性質相近的股份，增加同類型投資便會令組合集中性提高，從而未能做到分散風險的效果。以內銀股為例，若投資者已經持有建設銀行（0939），那便不應再大手買入工商銀行（1398）了。

## 投資時間長短和進場金額的正向關係：

如果投資者可以承受到長線投資一隻股份，而不是短期必須沽出，那麼投資者可承受風險的程度可說是比較高，進場金額可以相應大一點；但如果投資者進場的投資金額需要在短期內能夠沽出獲利套現，那麼可承受的風險程度較低，進場金額亦不應太大。

市場氣氛和進場金額的反向關係：

當市場氣氛十分高漲的時候，股份估值亦相對偏高，此時投資者便應該好好控制注碼，避免受氣氛影響而冒上不必要的風險。相反，當市場氣氛偏淡時，部分股份估值或出現偏低的情況，此時投資者便可以較合理的價格水平，買入股份，注碼也可以相應調整上升。

以上五項都是以風險管理角度出發，筆者十分重視風險管理，能守才能伺機而攻，希望各位讀者都可以理性投資，持盈保泰。

# 正式投資

當上文的幾個因素都考慮過後，整個投資計劃其實已經完成。投資者可以按照自己的計劃部署，能否賺錢就只有事後才知道了。

# 2

## 順藤摸瓜,
## 尋找關連機會

# 2.1

# 實戰：百仕達控股

筆者專心研究二線股多年，成功捕捉不少高回報二線股，這章開始，筆者會將一些實戰心得和讀者分享，希望讀者可以循這些經驗了解到筆者的思維，以便讀者們能順著思路，認識到如何可以一步步找到好的二線股。而重要的是，如何透過平衡危與機去提高讀者的投資勝算。而這些實戰戰績，筆者在進場時已即時在博客分享，絕對是基於事實的憑證。今次因應收輯成書再稍為整理，使整個實戰經驗分享更為有系統及清晰。

## 捕捉眾安在線上市契機

2017年下半年環球股市穩步上揚，港股亦因突破了2015年4月大時代的高位28,588點而變得熱鬧。受惠於美國科網巨企估值不斷向上，本地市場亦燃起對新經濟股之憧憬。當時三隻大型新股：閱文集團（0772）、易鑫集團（2858）及眾安在線（6060）乘著新股熱潮

而大幅上升。不過其超額認購程度甚高（公開認購部分分別錄得620倍、560倍及391倍），如果用現金抽新股的方式，中籤率可說是非常之低，本金之投入與回報率不成比例；如果以孖展作槓桿認購，更有可能因利息支出而蒙受損失。

不過，假如讀者能夠多看新聞，其實是能夠從蛛絲馬跡尋找相關的投資機會，風險偏低之餘亦能獲取豐厚回報。下文就簡單講述一下如何找出今次的主角──百仕達控股（1168）。

**圖表 2.11 眾安在線股價走勢**

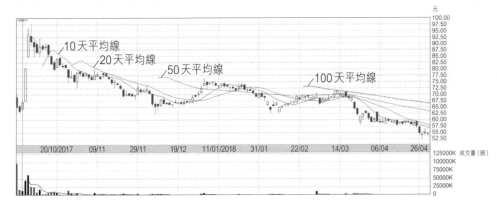

## 圖表2.12 百仕達控股股價走勢

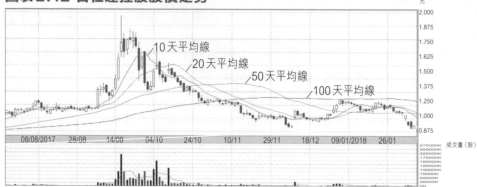

眾安在線的大股東分別為螞蟻金服（阿里巴巴旗下非上市業務）、
騰訊(0700)及中國平安(2318)，單單其「三馬概念」（三間企業的
領頭人皆姓馬：馬雲、馬化騰及馬明哲）已令市場有一定期望，加
上當時熱捧的新經濟概念，市場早已預期眾安在線在上市後必有可
觀的升勢。不過如果進一步留意其管理層名單，會發現其董事長反
而是一位市場較少留意的人物——歐亞平。當時歐亞平在本港上市
公司中（在港交所權股披露可以找到），亦是兩間公司的主要股東：
威華達控股（0622）及百仕達控股。

再細看一下招股書的內容，便會發現百仕達控股亦持眾安在線
8,100萬股內資股（內資股和H股不同之處不在此詳談，簡單而
言，內資股是指公司在內地註冊成立，且控股股東來自內地的公
司。但由於並未得到中國證監會的批准及未有通過香港交易所的上

市申請，因此未能如H股一樣在香港交易所進行買賣）。正所謂母憑子貴，假如眾安在線股價急升的話，那控股公司亦自然會水漲船高。接下來，便是要翻查一下百仕達控股入手眾安在線股份的成本了。

眾安在線成立於2013年11月，而百仕達控股在2013年的年報附註18提及以8,100萬人民幣買入了一間未上市公司8.1%股權（百分比因新發行股份而被攤薄，招股時降至6.53%）。從時間性和股份數量去看，很大可能該部份便是眾安在線的持貨成本了（即每股1元人民幣）。當時市場預期眾安在線招股價可能接近50元水平（最終更是59.7元），那足足是近50倍的升幅（匯兌影響所以少於50倍）！簡單計算一下，持股的價值達到40億港元，比百仕控股達當時的市值32億元還要高。如果眾安在線上市後急升，估值亦只會有增無減。（註：眾安在線估值在上市前已持續提升，但由於此投資被確認為待售投資，在會計制度下只會以成本顯示於資產負債表內，因此眾安在線的實際價值完全沒有在財務報告內反映）

當然，為了安全起見，個人還是再研究了公司其他財務狀況，確保沒有其他大問題拖累（如核數師報告沒有保留意見、公司營運正常及沒有大規模負債等）。另一方面，亦可以確認百仕達控股並非受到其他負面因素影響而令股價持續低迷。

## 圖表2.13 百仕達控股2013年年報附註

### 18. 待售投資

| | 2013年<br>千港元 | 2012年<br>千港元 |
|---|---|---|
| 待售投資包括： | | |
| 中國未上市股本證券，按成本 | 119,491 | － |
| 債券，按公平值 | 13,511 | 13,511 |
| **估計這很可能是眾安在線的持貨成本** | | |
| 合計 | 133,002 | 13,511 |

於截至2013年12月31日止年度，本集團以代價人民幣81,000,000元（相等於103,053,000港元）認購於中國成立的一家實體的約8.1%經擴大股權。

此外，本集團以代價約人民幣12,920,000元（相等於16,438,000港元）投資於中國成立的另一家實體，並將該投資分類為待售投資。

上述非上市股本投資於報告期末按成本減減值計量，蓋因合理公平值估計的範圍太大，本公司董事認為無法可靠估算其公平值。

### 19. 應收貸款

| | 2013年<br>千港元 | 2012年<br>千港元 |
|---|---|---|
| 應收股東貸款 | 2,251,567 | 2,251,567 |
| 減：超出投資成本之已分配虧損 | (143,983) | － |
| | 2,107,584 | 2,251,567 |

該筆款項為應收本集團聯營公司RGAP的股東貸款，用於撥付上海一個物業發展及物業投資項目所需資金，其按每年20%的息票利率計息，並構成本集團於RGAP淨投資的一部分。該筆款項根據本集團預期將收回的估計日後現金流量以及收回該筆款項的估計時間按攤銷成本列賬。應收貸款（包括本金及利息）為無抵押，且並無固定還款期。董事認為，應收貸款將不會於報告期末起計一年內償還，其相應分類為非流動資產。

資料來源：百仕達控股年報

58

# 2.2

# 從年報看現金水平

按當時最新的2016年報顯示，百仕達控股（1168）現金水平高達30.5億元（長期及短期銀行存款、結構性存款、已抵押銀行存款及現金及現金等價物之總和），而總借款（包括流動及非流動負債）則只有0.9億元。相比起當時約31.9億元市值，單是其淨現金水平（29.6億元）便佔了公司的93%股價。企業負債水平越低，公司出現債務違約的可能性便會越低，特別是以高負債比率見稱的內房股而言，此股的負債水平可說是非常之低。除此之外，公司亦持有不少座落於上海及深圳（此等資料可在年報內的第119頁主要物業詳情找到）等一線城市的物業，其市場估值高達24.7億元；再加上物業存貨0.8億元（會計制度下存貨須以成本列值，惟實際價值必定遠高於此），即使完全無視其他資產的價值（包括眾安在線之持股），百仕達控股本身已經是一隻含金量甚高、資產豐厚的公司。加上持有眾安在線這個短期炒作概念，自然成為進可攻、退可守的投資。

## 圖表2.21 百仕達控股2016年綜合財務狀況

| | 附註 | 2016年<br>千港元 | 2015年<br>千港元 |
|---|---|---|---|
| 非流動資產 | | | |
| 物業、廠房及設備 | 14 | 306,161 | 466,283 |
| 預付租金 | 15 | 59,574 | 64,908 |
| 投資物業 | 16 | 2,470,127 | 2,528,361 |
| 聯營公司欠款 | 17 | 154,706 | 138,871 |
| 於聯營公司的權益 | 17 | — | — |
| 應收聯營公司貸款 | 19 | 1,238,390 | 1,603,664 |
| 待售投資 | 18 | 155,978 | 155,974 |
| 其他應收款 | 11 | 158,399 | 122,649 |
| 應收貸款 | 22 | 50,000 | — |
| 長期銀行存款 | 24 | 59,220 | — |
| | | 4,652,555 | 5,080,710 |
| 流動資產 | | | |
| 物業存貨 | 20 | 820,682 | 851,991 |
| 應收貨款及其他應收款、按金及預付款 | 21 | 31,629 | 64,759 |
| 應收貸款 | 22 | 26,336 | — |
| 預付租金 | 15 | 1,201 | 1,282 |
| 按公平值列賬及計入損益之金融資產 | 23 | 420,788 | 389,655 |
| 衍生金融工具 | 23 | 3,138 | — |
| 短期銀行存款 | 24 | 531,256 | 530,465 |
| 結構性存款 | 25 | 1,078,212 | — |
| 已抵押銀行存款 | 24 | 586 | 624 |
| 現金及現金等價物 | 24 | 1,385,627 | 2,745,617 |
| | | 4,299,455 | 4,584,393 |
| 流動負債 | | | |
| 應付貨款、已收按金及應計費用 | 26 | 515,940 | 543,874 |
| 衍生金融工具 | 23 | 9,256 | — |
| 應繳稅項 | | 673,639 | 698,813 |
| 借款——年內到期償還 | 27 | 33,575 | 35,859 |
| | | 1,232,410 | 1,278,546 |
| 淨流動資產 | | 3,067,045 | 3,305,847 |
| 總資產減流動負債 | | 7,719,600 | 8,386,557 |
| 非流動負債 | | | |
| 借款——年以後到期償還 | 27 | 56,732 | 96,450 |
| 遞延稅項 | 28 | 353,045 | 354,736 |
| | | 409,777 | 451,186 |
| | | 7,309,823 | 7,935,371 |

**共30.5億元**

**共0.9億元**

資料來源：百仕達控股年報

# 2.3

# 損益表分析公司盈利能力

審視完資產負債表，下一步自然是透過綜合損益表去分析百仕達控股（1168）的盈利能力。單看公司的年內虧損，會發現公司於2016年及2015年之損失分別高達2.2億元及3.9億元（2017年則轉虧為盈賺1.5億元）。不過如果讀者再仔細留意其中細節，便會發現當中有不少損失來自非現金流項目。如果將相關項目剔除，便會發現公司的實際盈運並非如想像中差：

**圖表 2.31 百仕達控股財務數據**

| | 2016年 | 2015年 |
|---|---|---|
| | 千港元 | 千港元 |
| 年內虧損 | （215,835） | （391,259） |
| **剔除項目：** | | |
| 應收聯營公司貸款的減值虧損# | 230,000 | 127,472 |
| 物業、廠房及設備的減值虧損# | 73,152 | 71,617 |
| 分佔聯營公司業績* | 164,371 | 276,933 |
| 調整後年內盈利 | 251,688 | 84,763 |

\# 減值虧損只屬一次性項目，既和公司將來之盈利表現無關，亦不會對公司現有之現金流構成任何影響。

\* 聯營公司的投資有如潑出去的水，即使虧損再多也只會令成本盡失，公司並無額外責任。既然在前文已沒考慮聯營公司之價值，那分佔聯營公司的損失對分析也沒有影響。

## 圖表2.32 百仕達控股綜合損益表

| | 附註 | 2016年<br>千港元 | 2015年<br>千港元 |
|---|---|---|---|
| 營業額 | 5 | 331,867 | 335,956 |
| 銷售成本 | | (180,617) | (191,435) |
| | | | |
| 毛利 | | 151,250 | 144,521 |
| 其他收入 | 6 | 214,480 | 231,432 |
| 銷售費用 | | (2,748) | (10,006) |
| 行政費用 | | (107,705) | (151,991) |
| 其他費用 | 7 | (8,987) | (7,700) |
| 投資物業的公平值增加 | 16 | 107,351 | 42,774 |
| 按公平值列賬及計入損益之金融資產及<br>　衍生金融工具的公平值虧損 | | (23,923) | (104,455) |
| 應收聯營公司貸款的減值虧損 | 19 | (230,000) | (127,472) |
| 物業、廠房及設備的減值虧損 | 14 | (73,152) | (71,617) |
| 分佔聯營公司業績 | | (164,371) | (276,933) |
| 融資成本 | 8 | (5,067) | (11,571) |
| | | | |
| 除稅前虧損 | 9 | (142,872) | (343,018) |
| 稅項 | 11 | (72,963) | (48,241) |
| | | | |
| 年內虧損 | | (215,835) | (391,259) |
| | | | |
| 以下應佔： | | | |
| 　本公司擁有人 | | (245,527) | (409,456) |
| 　非控制權益 | | 29,692 | 18,197 |
| | | | |
| | | (215,835) | (391,259) |
| | | | |
| | | 港仙 | 港仙 |
| 每股虧損 | 13 | | |
| 基本 | | (6.93) | (11.56) |
| 攤薄 | | (6.93) | (11.56) |

資料來源：百仕達控股年報

從數字上可以看到，公司其實本身具有不錯的盈利能力，只不過因為會計制度上的非現金調整才會出現巨額虧損的情況。由於房地產公司的盈利波幅甚高（視乎賣樓收益、物業估值等影響），而且房地產業務亦非今次的重點所在，能夠了解到公司的營運水平不錯便已足夠。

但如果要認真細看的話，還需要配合財務報告附註去細看每一個明細，包括收入比例（作為一間房地產公司便要看租金收入，賣樓收入及其他收入的比例）；盈利與開支增長的比例；毛利水平與同業比較；有否其他一次性項目等等，這一切都可以讓你對想投資的股票有更詳盡理解，但如果覺得功夫太多，最少也要做到能了解到公司基本營運的程度。

去到這時候，相信讀者都知道在眾安在線上市前買入百仕達控股，絕對是一個風險低且回報高的投資。唯一剩下的，就是訂下相對應的投資策略以獲取最佳回報。

# 2.4

# 時間性、買入位置、
# 目標價

## 時間性

持有高估值投資而令控股公司急升，其實在港股也有相若例子，
那就是中國動向（3818）持有未上市之阿里巴巴股權（阿里巴巴於
2014年9月才在美國上市）。在相關時段之內，中國動向在半年之
內急升近50%，大幅跑贏同業不足20%之升幅。值得留意的是，
當時中國動向在阿里巴巴上市前已受到市場留意，不過市場認為阿
里巴巴於招股時估值已處於偏高水平，加上當時市場氣氛未算熾
熱，中國動向的股價亦未見受惠。直到阿里巴巴上市後股價表現理
想，中國動向的股價才從後趕上，這和眾安在線於上市前便抱有高
度期望的情況有點不同。由於筆者亦不敢妄然判斷眾安在線必定能
在上市後急升（因其上市時估值已非常高），因此亦只訂下半年的
投資期限。

估值過高在長線角度看似是不吸引，但短期的股價走勢始終受市場氣氛及資金所影響。當市場認為公司有非常理想的前景，只要能交出理想的業績，便可以令估值回落。當時市場大部份投資者皆認同眾安在線的前景，所以即使估值再高，亦不排除另一個更高估值在後頭。

筆者既已設定了半年的投資期限，同時亦訂下了止蝕位（如何釐定止蝕位稍後有篇幅詳述），如果半年內回到止蝕位，那當然要即時止蝕。但如果半年後股價未有太大變動，那就應該重新審視當時的

情況（如眾安在線上市的表現，百仕達控股自身的營運狀況等）再決定是否延長投資時間。

## 買入位置

當時雖有眾安在線招股的消息傳出，但在市場未有發現兩者的關連性下，百仕達控股的股價只在低成交下於0.9元水平徘徊。基於估值合理及時間的重要性（隨著眾安在線上市便會更多人留意此股，於那段時間三隻新股都不斷被市場提及，亦有很多人問起相關股份。只要稍為有留意投資市場的人都會知道當時熾熱情況，否則也不會超額認購幾百倍了），個人便決定直接在當時市價入手。

## 目標價

基於當時公司的淨現金水平及當時眾安在線的估值，個人認為百仕達控股最少也應該值70億元（當時百仕達控股持有現金30.5億元，持有眾安在線的保守估值40億元，減去總借貸0.9億元就已經有近70億元了，那還未包括持有房地產之升值潛力）。貫徹筆者保守的作風將目標水平也打個八折，與當時市值相比便得出了70%的量度升幅。加上當時於2015年的高位1.7元為技術阻力水平，便直接以1.7元為目標價了。

# 2.5

# 止蝕價、不斷調整止蝕位

## 止蝕價

在財政穩健的支持下，即使持有眾安在線之概念沒有發酵，百仕達控股（1168）下行的風險亦相對有限。由於當時百仕達控股已經有近半年時間在0.81元及0.91元之間徘徊，個人亦以0.8元作為止蝕的目標。讀者要記住，股票是一種投資，沒有任何感情可言。如果訂下了投資策略，便要如實執行，否則那和沒有策略根本沒有分別。想用「翻身」作為藉口，更大的可能性是令自己手上持有的蟹貨越來越多。其實，不要回頭、狠心止蝕，將得來的資金放在一個更有機會的投資上，那回報未必比死守更差。投資計劃，其實不單是應用在二線股份，而是適合於每一種投資之上。因為這是一個客觀的標準，投資者亦不會因為心理因素（投資者對股價下跌總會有不安感覺，不論多專業的投資者都會，問題只是多與少）而作出錯誤的決定。

# 不斷調整止蝕位

綜合前文的分析後，筆者以均價約0.88元買入公司股份。不久之後股價便在大成交配合下突破了1元水平。當時筆者便將止蝕價調高至0.9元水平，相當於扣除成本及手續費後仍有微利（轉化成止賺位置）。其後兩個月百仕達控股之股價大部份時間處在1.0元至1.2元之間徘徊。由於眾安在線仍未上市（最終於2017年9月28日上市），而股價亦沒有觸及止賺水平，因此個人便無視股價波動繼續持有。

隨著眾安在線公開招股時間逼近，百仕達控股的股價亦於9月初再次起動。於2017年9月6日，其股價單日急升16.5%，股份成交量

亦同步急升超過8倍（與日前相比）。由於當時股價已突破早前的波幅區域位置，個人當日亦順勢將止賺目標調高至1元水平，亦即上一輪波幅區域的底部位置。

隨著成交量上升，同時亦有部份媒體開始留意到百仕達控股和眾安在線的持股關係，資金出現了放量流入公司的情況。受到短期非理性資金湧入，個人亦難以預測接下來的走勢。反正最少已有10%以上的盈利在手，那就直接等待股價達到1.7元的水平才離場好了。很意外地，在眾安在線正式招股當日（即9月18日），百仕達控股單日再次出現急升超過20%，不單達到了筆者1.7元的預期，即日更高見1.97元的年內高位。由於短期急升並無理性可言，當時筆者也沒有進一步的分析目標價，純粹基於100%回報掛1.8元賣盤，想不到竟然順利即日沽出。

以2017年7月初為起點，直到2017年9月18日獲利，單單兩個半月時間便從這投資獲取了100%淨回報。從上述的例子可見，市場上其實有不少有價值的資訊存在。如果讀者可以多做功課，在市場未發現的時候進場（正正就是發掘優質二線股的概念），在市場後知後覺地進場炒作時，讀者已經可以安然大幅獲利離場了。（事件後續：隨著眾安在線股價上市後急回，百仕達控股的股價亦在短期內大幅回落，此情況將在後段文章談及。）

# ③

# 從大戶入手成本分析

# 3.1

# 主要股東資金影響力大

在開始這個實戰篇分享前，先要和讀者簡單解釋一下一級市場（primary market）和二級市場（secondary market）的分別。

## 二級市場投資者　明買明賣

一級市場的投資者，是將自己視為股東／管理層的一份子。買入公司股份甚至對公司營運方向有實際影響力，主要是希望透過公司營運獲得利潤，再從收取股息的方式去獲取回報。至於二級市場的投資者（包括現時股票市場的投資者），他們並沒有參與公司營運的權利，只能透過手持股份的升值能力（包括股息）去獲取回報。即使公司本身毫無價值，只要有交易對手願意以更高的價錢買入，他們便可以獲利。

股票的價錢，其實就是供應（賣方）和需求（買方）互相配對而得出

的一個平衡點。供應（即公司的總發行股份數目）很多時都會保持不變（供股、配股及回購並註銷股份等行動則會影響供應），而需求則有長期和短期之分。

股價的長期表現往往取決於長遠需求的多寡，當公司能夠交出亮麗的業績或是穩定派發股息回饋股東，自然能夠吸引投資者的青睞（即需求），那股價亦會反覆向上。至於短期走勢，則很大程度受制於資金流向，同時影響短期供求的變化。

當短期供應高於需求時，股價便會慢慢下挫，股票的吸引力亦隨之增加。直到股價下跌至供應和需求相同的情況下，股價才會出現一個新的平衡點，等待其他新的消息再影響股價的走勢。反之，當短期供應低於需求時，買方便需要提價去令賣方接受，股價亦慢慢向上。隨著股價上升，股票的吸引力亦相對下降，當升至供應和需求相同的情況下，新的平衡點便會再次出現。市場上股票的升升跌跌，亦是因此而生。

## 供求決定股價走勢

由此可見，股票的價格其實就是供求得出的結果。大型股份有不少基金參與其中，單一機構的影響力亦相對有限。但在於二線股而言，資金充裕的投資者（這亦包括了公司的主要股東）往往具有舉足輕重的影響力。這亦正好解釋了，為何部份毫無基本因素可言的股份，可以在短線時再出現倍升的情況（即市場所謂的妖股或莊家股）；反而基本因素不俗的股份，卻可以因為投資者漠視而多時未見起色。

假如能夠好好理解他們的成本所在，其實當一條魚毛跟大魚搵食並不困難。這亦是今篇文章的重點，從大戶入手成本出發去發掘投資機會。

# 3.2

# 實戰──國微控股

回歸正題，先講一講今次主角的背景，國微控股（2239）在2016年3月30日上市（上市原名為國微技術），由於招股反應不俗在公開發售部份錄得近17.5倍超額認購，因此當時亦以招股價上限3.78元定價。但自掛牌當日之後股價便持續向下。

## 全購公告　引發動機

筆者是在國微控股上市後超過一年，約在2017年9月才在博客分享這隻股份。在筆者給予建議前的一年內，其股價長時期徘徊於2.5元至2.8元水平，成交量亦非常之低，這正正就是被市場漠視的最佳例子。截至2020年5月18日，在香港上市的上市公司共有4,150隻（包括停牌股份及ETF，但不包括衍生產品），數目本身不少而本身港股的交投亦不算特別活躍，資金大多集中於少數股份之上。如果沒有資金特別追捧，公司亦未見有任何消息（包括業績）

傳出時，其實有很多二線股份皆被市場所遺忘。對於活躍於市場的短線炒手，當然期望有相當數量的對手提供深度（即買盤及賣盤）方便交易；至於較為長線的投資者，顧名思義他們也不會作出頻繁交易，因此被市場漠視也十分普遍。至於是否值得投資，那就需要投資者自己進行分析了。

# 公眾持股量少

令筆者對此股產生興趣，主要是由於公司在2016年12月7日發布的一份公告：公司大股東黃學良向其他主要股東以每股2.25元收購手上的股份，此舉亦令大股東須根據收購守則第26.1條，以同等價格向其他股東提出強制性無條件收購。

翻查香港交易所股權披露，大股東亦在2016年5月31日以均價3.18元於公開市場增持160.5萬股股份。於收購要約結束時，則只有100.4萬股股份接納強制性收購，而大股東之持股量上升至55.05%。從公告內的第四頁可以看到，公眾股東的持股量只有19.72%（約1.6億元），當中還可能涉及部份沒有申報的基金或機構投資者在內，實際公眾持股量必然更少。

# 3.3

# 分析大股東沽貨可能性

截至2017年9月時，公司已經上市逾年，相信大股東及其他相關人士突然作出沽售行動（即增加供應）的可能性不高。過去港交所的條件比較寬鬆，一般而言只有半年的禁售期。對於主要股東而言（不計大股東），如果他們在首年股價窄幅橫行下也未有低價賣出股份，那往後在股價相若水平賣出的可能性也自然較低；而對大股東而言，他主要是以較長線的角度出發，既然早前才願意在2.25元的水平提出全購，那就不太可能在升幅有限（不足20%）的情況下便沽貨。

## 短期沽貨會令市場看淡

試想想，如果大股東短期內賺少少便沽貨，那會令市場認為公司出現了很大問題才令大股東被逼獲利，對於市場的負面情緒實在難以估計。（於2019年9月，另一隻股份龍輝國際控股（1007），就是因為大股東在行使可換股債券後立即沽貨，結果一個月內跌了

90%。）剩下那1.6億元公眾持股，便很大可能成為市場的主要供應。在金額有限的情況下，只要需求因某些原因而出現變化（即炒作概念），股價便有機會出現突破性發展。

# 收購價成重要支持位

無可否認，突破性發展可以是正面，也可以是負面。但讀者細心想想，大股東（亦是管理層）本身亦是了解公司最多的人，他既然願意自掏腰包跟其他股東以2.25元買入公司股份，那亦代表他認為公司股價於2.25元是一個吸引的水平。假如股價回落至此水平，有機會吸引其他投資者參考大股東增持位置而買入，亦有可能大股東繼續在此水平增持。而這個收購要約價2.25元，則成為了一個非常重要的支持位置。截至2020年5月18日，公司股價亦從未失守此水平。由於大股東買入的數量不少（也需要向其他小股東提出全購），因此收購價存有一定折讓亦十分合理（與當時市價相比折讓幅度計其實不算大）。公司回購用的是公司自身的現金，風險與其他小股東共同承擔；而大股東增持則是要自掏腰包，後者的可信性當然比前者高很多。不過投資者同時亦需考慮其他因素，例如增持的金額和持續性等等。由於大股東今次提出全購涉及的金額更高，那參考價值自然更大。很多時現金全購價都是一個很好的參考位置，因為代表大股東願意在此水平向其他小股東買入公司所有股份。

# 3.4
# 了解公司基本因素

接下來，就是要了解一下公司的基本因素，只有公司在穩健的財政狀況下，才可以減低出現大折讓供股／配股；亦只有在行業前景穩定的情況下，才可以減低盈警等負面消息出現。按公司在2017年的中期報告顯示，公司的現金及短期銀行存款合共高達5.6億元（報表以美元顯示，為方便讀者已按當時美元匯率7.815換算成港元），並且沒有任何銀行貸款。單單是淨現金的比例，已高達當時公司市值之70%（短期銀行存款2,008.9萬美元，現金及現金等價物5,188.8萬美元，共計7,197.7萬美元，以當時匯率7.815換算即5.6億港元，當時公司市值接近但不足8億元，所以比例便是70%）。再者，公司業務簡單及強勁經營活動現金流，亦減低了公司在財務方面出現問題的風險。

## 圖表 3.41 國微控股財務數據

| | 附註 | 未經審計<br>六月三十日<br>二零一七年<br>美元 | 經審計<br>十二月三十一日<br>二零一六年<br>美元 |
|---|---|---|---|
| **資產** | | | |
| **非流動資產** | | | |
| 物業、廠房及設備 | 8 | 1,863,311 | 2,009,722 |
| 其他無形資產 | 8 | 109,504 | 192,409 |
| 商譽 | 8 | 6,337,123 | 6,188,584 |
| 貿易及其他應收款項及預付款項 | 9 | 1,176,517 | 214,665 |
| 透過損益按公平值入賬的金融資產 | 10 | 3,529,802 | — |
| 遞延所得稅資產 | | 1,645,772 | 2,180,722 |
| | | 14,662,029 | 10,786,102 |
| **流動資產** | | | |
| 存貨 | | 12,269,586 | 6,866,835 |
| 貿易及其他應收款項及預付款項 | 9 | 18,380,502 | 22,100,681 |
| 短期銀行存款 | | 20,089,414 | 13,269,022 |
| 現金及現金等價物 | | 51,888,763 | 56,409,071 |
| | | 102,628,266 | 98,645,609 |
| **總資產** | | 117,290,295 | 109,431,711 |
| **權益及負債** | | | |
| **本公司擁有人應佔權益** | | | |
| 股本 | 11 | 6,066 | 6,037 |
| 股份溢價 | 11 | 97,275,245 | 97,421,918 |
| 合併儲備 | | (48,810,141) | (48,810,141) |
| 以股份為基礎的付款儲備 | | 20,367,295 | 20,483,902 |
| 法定儲備 | | 4,099,819 | 4,099,819 |
| 保留盈利 | | 29,739,204 | 26,263,453 |
| 資本儲備 | | 1,212,543 | 1,212,543 |
| 匯兌儲備 | | 46,915 | (1,584,853) |
| **總權益** | | 103,936,946 | 99,092,678 |

共 7,197.7 萬美元

資料來源：國微控股中期報告

**圖表 3.42 國微控股股價走勢**

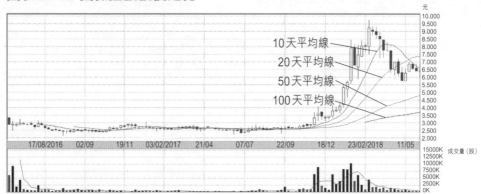

盈利能力方面，公司除了在首份業績（2016年6月）出現盈利倒退外（受到上市開支所影響，剔除此一次性開支後大致持平），往後的幾份業績皆出現明顯增長。

而參照公司管理層對公司前景的正面評價（中期報告第10頁），相信良好的增長勢頭在往後年份亦得以延續。參考上半年的盈利表現，即使公司在下半年的業績毫無增長（即與上半年相同），全年的每股基本盈利仍達0.18元。以當時的市價2.65元計算相當於市盈率約14倍水平，若以一隻高增長股份而言，可說是非常超值。

# 3.5

# 股價上升催化劑

大股東低位增持、每股淨現金比例甚高、以及盈利能力被低估等條件，皆可視為股價下行風險有限的因素。但股價上升始終需要有催化劑配合（即炒作概念），有如前面文章的眾安在線概念一樣，才能夠促發股價向上。那今次的主角又有何特別，可以讓市場注目

呢？答案就是潛在收購，或者賣盤等行動。除非真的有內幕消息，一般情況下是較難發覺被收購。雖然成交量有可能因為春江鴨而出現放量上升的情況，但因為消息準確，該等投資者亦不介意花較長的時間去等待。所以要靠成交異動去發掘賣盤的可能性不大（除非長時間跟進同一隻股票）。至於眼光問題，其實只要合乎下面提及的特徵，基本上已合乎賣盤的條件。

一般情況下，上市公司成為被收購對象皆有下面的幾個特徵：

# 1）市值偏低，容易進行集資及注資等活動

當時市場主板的殼價已達5億元或以上水平，加上公司本身的資產，公司的基本價值理應遠高於當時市值8億元的水平。公司資產淨值與股價的折讓，因為難以衡量資產的變現價值，所以比較難有一個客觀標準，但公司本身的淨現金水平甚高，那折讓比例便不應太大。而一般雙位數增長公司皆享有20倍或以上的預期市盈率，但當時公司市盈率卻只有14倍（上文提及），那就明顯是偏低了。假如公司股價重回20倍的市盈率，那理論上市值便會升至約11億元水平（8億 x20/14）。

殼價的存在，是由於上市程序需時，當中亦涉及不少成本及上市失敗風險，所以部份投資者願意以一個溢價去購買上市公司控股權之股份。當將這個溢價加上11億元的合理市值，那公司的估值便升至16億元的水平，差不多是當時實際市值的一倍。

## 2）業務簡單

公司主要業務為全球付費電視廣播接收及中國移動銷售終端（mPOS）支付系統安全裝置供應商，這種實物銷售的業務性質清晰，出現其他潛在問題的風險亦相對偏低。

## 3）資產容易處置

公司的主要資產為（1）貿易及其他應收款項及預付款項、（2）短期銀行存款、以及（3）現金及現金等價物，三者合共佔總資產之78%，總負債則只有1億元，主要為貿易應付款項及其他應付款項（佔總負債之88.6%），本身亦沒有其他資本承擔項目（中期報告中第47頁可看到）。假如新主入手，相對上容易處置舊有資產及負債，方便新舊業務交替（當然也有可能是業務性質相近，沿用舊有資產）。

# 4) 股權集中

回看收購要約結束之公告，公司四大主要股東已持有超過80%的股份。假如潛在買家對公司有興趣，亦只需跟此四位主要股東接洽便可以成事，大大減低了收購的時間和成本。換過來說，有些公司可能只有一位大股東持有不足50%股權，那即使成功收購該投資者的股份，亦未必能夠取得公司的實際控制權。

對股票市場有基本認識的人都應該知道，當公司主要股東宣布股權易手時，投資者在憧憬公司新的發展下（包括股東、管理層，甚至是公司本身業務）往往令股價出現爆升的情況，此亦成為了公司理想的炒作概念。不過，由於公司本身盈利水平不俗，而且資產水平亦非常豐厚，要大股東願意割愛的溢價亦必定很高，不過概念只是一個用來炒作的藉口，所以有此可能性已經非常足夠。再者，公司的本業和支付業務拉上關連，亦有可能觸發其他收購活動的可能性，增加了公司被炒作的可能性。

退一步看，即使最終沒有任何收購行動，單單基本因素支持（包括市盈率偏低及淨現金含量甚高）令股價重上招股價（3.78元），其實已經是一個不俗的投資選擇。先確認了公司的下行風險有限（基本因素不俗），再認清了股價向上的誘因（潛在收購或被收購）後，接下來就是確認相對應的投資策略。

# 3.6

# 時間性、買入位置、
# 目標價、止蝕價

## 時間性

與眾安在線概念不同，國微控股本身已上市近一年半，而過去一年的股價亦大部份時間在當時市價的上下 10% 波幅徘徊（最高 2016年 12月 29日的 3.1元，最低 2017年 6月 14日的 2.27元），到底何時會出現炒作概念實在難以估計，基本因素吸引亦不一定會令股價急升（只能確定下跌空間有限）。在時間性難以判斷下，一開始便需要有長線投資的心理準備（即最少一年或以上）。

## 買入位置

基於公司本身估值吸引（高淨現金水平，其他負債偏低及低市盈率），而當時市值與大股東增持位置（2.25元）亦只有不足 20% 距

離。個人訂下了兩個買入位置，分別是2.65元（當時市價）及2.48元（相當於2.25元加上10%溢價）。（後補：其後股價未曾失守2.5元水平，第二注未能成功買入。）

## 目標價

上文提到，公司已有超過一年徘徊於2.5元至2.8元水平。雖然本身已有較長線投資的心理準備，但也沒有理由以2.8元為第一目標（與市價只有約5.7%距離，且值博率並不吸引）。因此，個人會將

大股東首個增持位置（3.18元，即20%回報）為首個目標，下一個目標則為上市招股價（3.78元，即42.6%回報）。如果能夠升穿招股價水平，那亦代表上市後的蟹貨已經完全消化，後市則可再視乎當時情況調高止賺位置。

## 止蝕價

前文已提到大股東的收購價2.25元將會成為股價的重要支持，此位置亦自然成為止蝕的重要參考點。因為考慮到成交疏落下有機會輕微失守支持位置再反彈（即假突破），因此止蝕位訂於2.2元的位置。由於公司本身交投比較疏落，很多時候即使抵達重要支持位置亦未必有大量的買盤力駐守（無人會日日掛一個未必會買到的位置），但當市場真的出現下試重要支持位置時便會觸發部份投資者注意（証券商及銀行有股票到價提示功能），那便很快會吸引到一定的買盤而令股價重回支持位置之上，這就是假突破。但如果真的合乎假突破條件，那反彈的速度應該是相當急，而且亦不會大幅拋離參考位置。所以，筆者才會將止蝕輕微調低至2.2元水平。至於調低的幅度有多大，那要視乎額外的損失有多大，在此例子0.05元（即額外潛在虧損2%）便是筆者認為可接受的水平了。

# 3.7

# 交易過程

第一注由於是以市價入市,所以亦很順利在短期內以均價2.65元完成。雖然其後兩個月股價未有任何波動,但亦未有觸及第二注買入位置或止蝕位置(最低於2017年10月19日見2.56元)。由於當時恒指正好突破2015年高位28,588點水平,筆者已將注意力放於大市之上(別將資金過份集中於二線股,後文將談及),加上公司本身亦未見有任何其他消息傳出,因此無意將第二注的買入水平調高,避免出現過份承受風險的情況。

## 到達目標先沽部分

其後公司股價終於在2017年11月16日出現異動,當日股價曾突然急升超過21%(收市亦升近16%),成交量亦比前一個交易日高出6.4倍。股價急升加上成交量配合,反映市場對公司的關注度提升。股價升勢過急,市場未能及時消化相關變化,因此回調的可能性亦較高,而當時筆者只是將止賺位置調高至2.8元水平,亦相當

於早前股價徘徊逾年的頂部水平。

在市場買賣增加的情況下，股價在短短數日便已達到第二目標（即招股價3.78元），雖然預期在破頂無蟹貨的支持下股價仍有進一步的上升空間，但以穩健為主的筆者仍選擇在此水平沽出手上20%股份。股價假如回落可考慮回補那20%（當時定了3元回補，但最終沒有出現），即使繼續向上仍持有80%股份享受升浪，屬進可攻退可守的策略。

市場所謂的支持／阻力位置，在筆者而言都統稱為參考位置。當股價向上突破阻力時，該位置便會由阻力轉化為支持；而當股價向下

失守支持水平,該位置便會由支持轉化為阻力。回補點,就是基於當時突破的阻力點、亦即現時的支持位置而訂。當股價波動性太高時,雖然仍可以用較短期的技術分析(如回調至15分鐘平均線之上,保力加通道底部等等)找出回補點,但相對上可靠性亦會大幅降低。而最簡單的做法,就是直接按既定百分比(如高位回落10%或15%)去定回補點。

## 回補股份與否的審視因素

決定回補股份,首要條件是肯定自己原有的買入原因不變,沽出部份持股純粹是由於短期不合理的升幅而套現。唯有一點必須留意,回補的距離不能太近,否則加入了買賣差價及交易成本的因素後,實際上的得益相當有限。同時,過度頻繁交易亦容易影響了自己的心理質素,作出錯誤決定的可能性會更高。而上一個例子百仕達控股,一開始買入的原因便是考慮到短期的爆炸性升幅,同時其波動性亦太高,較難決定實際的支持水平所在。既然短期內已經有非常可觀的利潤,那就沒有設立回補點的必要了。

其後一個月公司股價持續於3至4元之間上落,直到2017年12月底突破4元才出現新一輪升浪。由於當時恒指正處於不斷破頂(由2017年12月底的29,919點水平升至2018年2月歷史高位33,484點水平),國微控股這種低估值、破頂無阻力的股份更是一帆風

順。在市場貪婪勝於一切的情況下，也難以單靠基本因素去判斷目標位置。於是個人就按回報的百分比，分別於以下水平沽出手上股份：

| 沽售價 | 回報百分比 | 沽出比例 |
|--------|-----------|---------|
| 3.78元 | 42.6% | 20% |
| 4.77元 | 80% | 30% |
| 5.30元 | 100% | 30% |
| 6.63元 | 150% | 10% |
| 7.95元 | 200% | 10% |
| | 97.52%（平均回報） | 100% |

若選擇分注沽售時，讀者可將較大的比例放在前頭，這樣便可以鎖定了一定水平的利潤；至於往後分注套現的部分，則可以將回報的距離拉長，以彌補注碼相對較少的不足。

以2017年9月為起點，直到2018年1月全數沽出為終點，單單五個月便可以獲取接近100%回報，再次顯現了投資二線股的威力。可別要忘了，個人因為採用了分注的方式去沽售以減低風險，最後一注亦不是在股價最高點的位置才沽售（自問亦沒有這個能力）。假如單以股價的高點和低點去看，2017年9月時的建議位置2.65元及2018年3月2日的高位9.79元作比較，不足半年的回報更是高達269%，試想想除了衍生工具外，讀者能否在一線股份獲取如此驚人的回報呢？

# 4

## 回歸基本，
## 從報表尋超值股

# 4.1

# 實戰──亨得利

作為一間公司的股東，最壞的情況相信莫過於公司被逼清盤。公司首先要將手上的所有資產變賣，套現後將資金清還所有債務（如銀行貸款及應付賬款等），剩餘的才可按持股比例交還到股東手上。不過，如果在這種最差的情況下，股東仍可以無需負上任何損失，那豈不是穩賺不賠？基於這個概念，現在就跟讀者分享下一隻實戰例子──亨得利（3389）。

## 「虧損」是表面

先講一下公司背景，公司在2005年9月以招股價1.32元上市，主要以經營「三寶名表」、「盛時表行」／「亨得利」、「TEMPTATION」等品牌銷售手錶及相關業務。在中國消費水平提高，內地開放自由行等政策支持下，股價曾於2010年11月高見4.175元（除淨後，下同），其後在增長見頂及內地大力打貪的影響

下，盈利於2016年出現大幅下滑甚至出現巨額虧損，公司股價亦跟隨業績每況越下。

於2016年12月底，大股東張瑜平宣布以人民幣35億元購回公司所有內地業務，現時上市公司只包括香港、澳門、台灣及馬來西亞等地之業務。亦由於出售內地業務而獲得大量資金，公司的財務狀況亦因而大幅改善。除了將公司的優先票據全數贖回外，同時亦因應出售事項而派發每股0.28港元之特別股息。

## 坐擁大量淨現金

按2018年中期業績顯示，其現金及現金等價物與銀行存款合共高達19.81億元（報表中人民幣數字已按當時人民幣與港元匯率1.1395作換算），反而總負債（即流動負債及非流動負債之總和）則只有4.05億元。假設公司將現金清還所有負債後，即使不計及公司任何其他資產，公司手上仍持有近15.76億現金。以公司總發行股數46.6億股計算，相當於每股約0.335元現金。

假如投資者以當時市價（0.315元）價格買入，而買入後公司即時倒閉，理論上投資者仍有權按每股0.335元取回現金。按照公司法規定（內容有所簡化），當一間公司清盤後，在繳付相關費用（清盤時

的訴訟費，審計費等），需優先償還所有有抵押之貸款，然後償還無抵押之貸款，再到優先股股東，到最後才按照股權比例分派予每一位普通股股東。按公司當時的情況，扣除有限度的清盤開支再償還公司所有負債後，投資者（即每位普通股股東）仍可以獲得每股0.335元的現金，再加上公司出售其他資產後套現的收益。在最壞的情況下，單單取回現金已經可以回本（甚至有6%回報），那損失的空間還有多大呢？

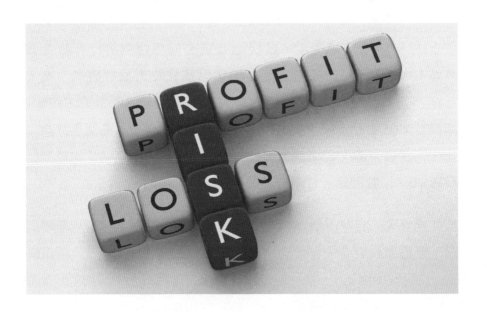

# 剖析出現虧損原因與風險

細心的讀者不難想到下一個問題，上文不是提到公司後期出現巨額虧損？如果公司繼續「燒錢」，那再多的資產也是無補於事。筆者當然有顧及此潛在問題，接下來就讓筆者再解釋一下：

公司在2017年出現大幅虧損，主要是由於內地業務出現經營困難的情況。自公司出售該部份業務予大股東後，2018年的中期業績已經扭虧為盈。同樣參考2018年的中期業績，公司於2018年上半年收入增長為27.2%，而毛利率則由16.8% 輕微下降至16.1%，可見銷售屬自然性增長而非減價促銷而成。

## 注意財務開支和銀行利息收入

在開支方面，過去本地零售一直受高昂租金影響而經營困難，但隨著本地的商舖租金持續下滑，大大減低了經營者的壓力，此亦抵銷了員工薪酬上升的影響，預期銷售及行政開支等成本在可見將來亦未見大幅上升的空間。更重要的是，公司過去多年一直為其銀行貸款及優先票據（年息6.25%）而負上不少財務開支。在出售內地業務後，公司已全數贖回所有優先票據及償還銀行貸款。可以預期，

公司將來業績不單不會受到利息開支而拖累，更因坐擁大量現金而有不錯的銀行利息收入。當時美國聯儲局正好踏入收加息周期，財務開支下降而銀行利息收入上升，對公司來說可算是雙重得益的事情。

收入上升、毛利持平以及成本開支下降的三大因素下，相信公司出現持續巨額虧損的可能性亦不高，而淨現金比重甚高這個論點亦確定成立。

# 4.2

# 評估公司最低價值

當然，單單以高現金這個因素，只可以確認公司的下行空間非常有限。但要衡量公司的估值是否被低估，那還要看看公司的盈利能力及其他財務狀況。雖然公司在2018年上半年扭虧為盈，但假設下半年盈利水平與上半年相若的話，那市盈率亦接近20倍水平。雖然說不上昂貴，但在增長不確定性的因素下也算不上吸引。而公司亦未見有穩定的派息政策，所以亦難以從這方面作出評估。相反，公司其他豐厚的資產便成為了公司明顯被低估的原因。

筆者作為一位執業會計師，自然利用個人的專業知識，評估一下公司的最低價值。

## 1）投資物業（1.65億元）

按2017年年報第154頁顯示，其投資物業位於上海作出租用途。

雖然內地積極打壓房地產價格，惟政府亦無意令樓價出現大幅下挫的情況。加上上海等一線城市的物業有價有市，即使價格持續下跌，相信最少還有1.16億元（以七折計算）。

## 2) 其他物業、廠房及設備（4.41億元）

按2017年年報第152頁顯示，固定資產中約71%為土地及樓宇，而物業則位於中國內地、香港及台灣。由於資料有限故未能估算其實際價值，但由於物業持有多年及以成本值計算，相信實際價值該遠高於此數。繼續採用保守估值方式出發，直接用賬面值3.14億元。

由於物業的變動不大，而年報才能提供更詳盡資訊，因此上述兩者皆參考2017年年報數字。惟下面的其他資產，則會參考最近期的2018年中期報告。

## 3）其他投資（流動及非流動共3.41億元）

按2018年中期報告第73頁顯示，其投資為上市公司股份。雖然公司沒有提及那是甚麼投資，但如果讀者再翻查一下港交所的股權申報，便會發現大部份投資為力世紀（0860）的股份。於2018年6月30日時，力世紀的股價為1.18元，假設公司仍未出售（出售的話實際價值更高），以建議當日力世紀股價1元計算，其價值應為2.05億元。由於此投資可隨時變現，所以不需為估值作出任何調整。

## 4）存貨（14.85億元）

按2018年中期報告第74頁顯示，存貨中有14.02億元為製成品。公司本身出售中高檔手錶，那製成品自然就是那些隨時待售的貴價手錶。雖然說不上十足估值，但打個五折出售也絕無問題，那暫宜視此部份的估值為7.01億元（以五折計算）。

# 5）其他應收款（7.2億元）

按2018年中期報告第76頁顯示，應收款中有2.4億元為年息9%至12%的應收款，且預期於一年內收回。雖然此金額也應該有一定的剩餘價值（不會一仙也收不回吧），但保守起見還是不計算在內好了，在此提出純粹給讀者參考一下。

綜合上列數點的保守資產計算，公司的資產最保守也應值：

|  | 億港元 |
| --- | --- |
| 淨現金 | 15.76 |
| 投資物業 | 1.16 |
| 其他物業、廠房及設備 | 3.14 |
| 其他投資 | 2.05 |
| 存貨 | 7.01 |
| **總計** | **29.12** |

同樣以公司當時發行之總股數計算，公司保守估值已相當於每股0.62元。別忘了，這個數字已是剔除了公司所有債務，亦不包任何價值成疑的資產（如商譽及應收賬款等）。更甚的是，公司本身具盈利能力的業務以及上市公司的殼價也沒有考慮在其中，可見公司的估值如何被大幅低估了。

# 4.3

# 催化劑

當然，如早前一篇實戰例子（國微控股）中提到，公司的應有價值不一定會在股票市場（即二級市場）中反映。要吸引投資者的資金流入，那便必須要有一個或以上的催化劑（即炒作概念）去推動股價。而這個任務，就落在主要股東的持股變化之上了。

按當時港交所的權益申報顯示，其中一位持股量超過5%的股東為張金兵（持有9.67%股權）。張金兵為另一上市公司力世紀（0860）的前主要股東，人脈非常不簡單，否則便不會成功將該公司易手予何敬民（澳門前特首何厚鏵之子）、並引入李嘉誠先生及維港基金作策略投資者的行動。選擇入股此公司必定有其原因，其買入的價格亦甚具參考價值。

張金兵於2017年10月及12月分別以0.4元及0.3792元的均價買入1.36億及1.31億股（下圖）。雖然難以估計其餘下股份（約1.86億股）的買入價，惟從公司的股價走勢看，相信其入手價均價高於

0.4元的可能性相當之高（自2010年後至其申報日期，只有4個交易日股價低於0.4元）。那暫時就以0.4元為其假設性的買入位置。

**圖表4.31 張金兵買入亨得利（3389）的股權披露**

| | | | | | | | |
|---|---|---|---|---|---|---|---|
| CS20171222E00187 | Prestige Rich Holdings Limited | 1101(L) | 131,000,000(L) | HKD 0.3792 | 451,968,000(L) | 9.65(L) | 19/12/2017 |
| CS20171222E00375 | 中國再保給（集團）股份有限公司 | 1704(L) | 334,813,000(L) | HKD 0.3792 | 0(L) | 0.00(L) | 19/12/2017 |
| IS20171222E00185 | 張金兵 | 1101(L) | 131,000,000(L) | HKD 0.3792 | 452,968,000(L) | 9.67(L) | 19/12/2017 |
| CS20171027E00174 | PA View Opportunity III Limited | 1704(L) | 135,844,000(L) | HKD 0.4000 | 136,324,000(L) | 2.91(L) | 25/10/2017 |
| | | 1704(S) | 135,844,000(S) | | 136,324,000(S) | 2.91(S) | |
| CS20171027E00176 | Pacific Alliance Asia Opportunity Fund L.P. | 1704(L) | 135,844,000(L) | HKD 0.4000 | 136,324,000(L) | 2.91(L) | 25/10/2017 |
| | | 1704(S) | 135,844,000(S) | | 136,324,000(S) | 2.91(S) | |
| CS20171027E00178 | Pacific Alliance Group Asset Management Limited | 1704(L) | 135,844,000(L) | HKD 0.4000 | 136,324,000(L) | 2.91(L) | 25/10/2017 |
| | | 1704(S) | 135,844,000(S) | | 136,324,000(S) | 2.91(S) | |
| CS20171027E00180 | Pacific Alliance Group Limited | 1704(L) | 135,844,000(L) | HKD 0.4000 | 136,324,000(L) | 2.91(L) | 25/10/2017 |
| | | 1704(S) | 135,844,000(S) | | 136,324,000(S) | 2.91(S) | |
| CS20171027E00181 | Pacific Alliance Investment Management Limited | 1704(L) | 135,844,000(L) | HKD 0.4000 | 136,324,000(L) | 2.91(L) | 25/10/2017 |
| | | 1704(S) | 135,844,000(S) | | 136,324,000(S) | 2.91(S) | |
| CS20171027E00182 | PAG Holdings Limited | 1704(L) | 135,844,000(L) | HKD 0.4000 | 136,324,000(L) | 2.91(L) | 25/10/2017 |
| | | 1704(S) | 135,844,000(S) | | 136,324,000(S) | 2.91(S) | |
| CS20171220E00379 (CS20171030E00241 之修訂本) | Prestige Rich Holdings Limited | 1001(L) | 135,844,000(L) | HKD 0.4000 | 320,968,000(L) | 6.85(L) | 25/10/2017 |
| CS20171030E00241 (已被 CS20171220E00379 取替) | Prestige Rich Holdings Limited | 1001(L) | 135,844,000(L) | HKD 0.4000 | 321,688,000(L) | 6.87(L) | 25/10/2017 |
| | | | | HKD 0.4000 | | 2.91 | 25/10/2017 |
| IS20171220E00378 (IS20171030E00242 之修訂本) | 張金兵 | 1001(L) | 135,844,000(L) | HKD 0.4000 | 321,968,000(L) | 6.87(L) | 25/10/2017 |
| IS20171030E00242 (已被 IS20171220E00378 取替) | 張金兵 | 1001(L) | 135,844,000(L) | HKD 0.4000 | 320,968,000(L) | 6.85(L) | 25/10/2017 |
| CS20171025E00272 | PA View Opportunity III Limited | 1201(L) | 137,428,000(L) | HKD 0.4000 | 272,168,000(L) | 5.81(L) | 24/10/2017 |
| | | 1201(S) | 137,428,000(S) | | 272,168,000(S) | 5.81(S) | |
| CS20171025E00274 | Pacific Alliance Asia Opportunity Fund L.P. | 1201(L) | 137,428,000(L) | HKD 0.4000 | 272,168,000(L) | 5.81(L) | 24/10/2017 |
| | | 1201(S) | 137,428,000(S) | | 272,168,000(S) | 5.81(S) | |
| CS20171025E00276 | Pacific Alliance Group Asset Management Limited | 1201(L) | 137,428,000(L) | HKD 0.4000 | 272,168,000(L) | 5.81(L) | 24/10/2017 |
| | | 1201(S) | 137,428,000(S) | | 272,168,000(S) | 5.81(S) | |
| CS20171025E00278 | Pacific Alliance Group Limited | 1201(L) | 137,428,000(L) | HKD 0.4000 | 272,168,000(L) | 5.81(L) | 24/10/2017 |
| | | 1201(S) | 137,428,000(S) | | 272,168,000(S) | 5.81(S) | |
| CS20171025E00283 | Pacific Alliance Investment Management Limited | 1201(L) | 137,428,000(L) | HKD 0.4000 | 272,168,000(L) | 5.81(L) | 24/10/2017 |
| | | 1201(S) | 137,428,000(S) | | 272,168,000(S) | 5.81(S) | |
| CS20171025E00285 | PAG Holdings Limited | 1201(L) | 137,428,000(L) | HKD 0.4000 | 272,168,000(L) | 5.81(L) | 24/10/2017 |
| | | 1201(S) | 137,428,000(S) | | 272,168,000(S) | 5.81(S) | |
| CS20171106E00226 | Ying Hua Holdings Limited | 1201(L) | 137,428,000(L) | HKD 0.4000 | 272,168,000(L) | 5.81(L) | 24/10/2017 |
| IS20171106E00220 | 郭兵武 | 1201(L) | 137,428,000(L) | HKD 0.4000 | 272,168,000(L) | 5.81(L) | 24/10/2017 |

資料來源：港交所

除此之外，大股東張瑜平亦於2018年9月11日至17日期間以0.29元至0.299元的價錢買入合共421.6萬股（下圖）。雖然金額上不算大，但如前文所言，大股東自掏腰包增持的可信性遠比回購為高，相信股價如再度回落至0.3元之下，其持續增持（變相為股價提供支持）的可能性亦頗高。

**圖表4.32 大股東張瑜平買入亨得利（3389）股權披露**

| 表格井號 | 股東名稱 | 持有權益的好倉股數買入/賣出或涉及股數 | 每股的平均價 | 持有權益或淡倉股數目 | 佔已發行的有投票權股份的百分比 | 有關事件的日期 |
|---|---|---|---|---|---|---|
| | | | | | (%) | |
| CS20180917E00196 | Best Growth International Limited | 1710(L) | 2,000,000(L) | HKD 0.2900 | 1,505,832,901(L) | 32.30(L) | 17/09/2018 |
| DA20180917E00198 | 張瑜平 | 1101(L) | 2,000,000(L) | HKD 0.2900 | 1,585,556,501(L) | 34.01(L) | 17/09/2018 |
| CS20180912E00322 | Best Growth International Limited | 1710(L) | 852,000(L) | HKD 0.2980 | 1,503,832,901(L) | 32.25(L) | 12/09/2018 |
| DA20180912E00319 | 張瑜平 | 1101(L) | 852,000(L) | HKD 0.2980 | 1,583,556,501(L) | 33.96(L) | 12/09/2018 |
| CS20180912E00272 | Best Growth International Limited | 1710(L) | 1,364,000(L) | HKD 0.2990 | 1,502,980,901(L) | 32.23(L) | 11/09/2018 |
| DA20180912E00271 | 張瑜平 | 1101(L) | 1,364,000(L) | HKD 0.2990 | 1,582,704,501(L) | 33.94(L) | 11/09/2018 |
| CS20171222E00455 | Central Huilin Investment Ltd. | 1704(L) | 334,813,000(L) | HKD 0.3792 | 0(L) | 0.00(L) | 19/12/2017 |
| CS20171222E00187 | Prestige Rich Holdings Limited | 1101(L) | 131,000,000(L) | HKD 0.3792 | 451,968,000(L) | 9.65(L) | 19/12/2017 |
| CS20171222E00375 | 中國再保險（集團）股份有限公司 | 1704(L) | 334,813,000(L) | HKD 0.3792 | 0(L) | 0.00(L) | 19/12/2017 |
| IS20171222E00185 | 張金兵 | 1101(L) | 131,000,000(L) | HKD 0.3792 | 452,968,000(L) | 9.67(L) | 19/12/2017 |

資料來源：港交所

# 4.4
# 評估「出事」可能性

公司本身估值極為吸引，本業盈利水平穩定但未見突出。張金兵選擇在0.4元或以上的水平買入，隨時有機會藉其人脈出現收購或股權變動等行動，造就了一個理想的炒作概念。雖然看似萬無一失，但抱著「無咁大隻蛤蜊隨街跳」的心態，筆者還是仔細想了其他可能會出現問題的地方。

## 1）公司造假

上面的主要分析，乃源於公司之資產非常吸引。假如公司本身造假的話，那一切便變得毫無意義。但整體而言，出現此可能性不算太高，因為：

a）在審計角度看，現金為最容易核實的資產。而公司坐擁巨額現金源於出售國內業務予大股東，屬有根有據的事情。而物業及其他投

資亦容易查察擁有權,最大的問題不過在於估值方面,但筆者既在早前分析已作出了保守的調整,這方面的問題亦隨之消失。

b)公司當時的主要股東還包括了 The Swatch Group(9.16%)和 LVMH Moet Hennessy Louis Vuitton SE(6.05%),對於公司的企業管治及監察亦起了一定作用。

c)張金兵於2017年年底才入股,願意花過億元現金增持,相信對公司也有一定的了解和做了盡職審查,減低了公司造假的風險。

## 2)胡亂投資

公司的現金豐厚為主要賣點,假如將大量資金用於新的投資項目上,在回報未能確認之前其投資價值便立時被大打折扣。不過同樣地,上述的其他主要股東亦未必容許大股東亂來,所以此可能性亦不算高。反而,坐擁大量現金派特別息,或藉張金兵的人脈而有其他利好股價的行動反而可能性更高。(後補:其後公司真的在2019年中期業績派發特別股息人民幣3.8分。)

# 4.5
# 買入時間及價格

既然其他風險因素都考慮過了，那剩下來的問題就是如何去訂立投資計劃（留意下文的數字皆是除淨前的價格）：

## 1）時間性

張金兵入股雖然是一個理想的炒作概念，但此等具備實力的投資者甚有耐性（從其持股逾年也毫無動靜便可見一斑），到底甚麼時候公司合理估值反映在股價上還是未知之素，因此只能作中長線投資部署。起始之投資時間暫訂為一年。

## 2）買入位置

即使破產，股東也可以安然無恙，公司的淨現金水平自然是一個理想的買入位置，因此筆者當時建議於不高於每股 0.335 元作為第一

個買入點；而第二個買入點，則是大股東願意出手增持的水平，即約0.295元的位置。

## 3）目標價

由於中國內地業務在2016年底出售，過往的股價走勢參考性不算太高。但張金兵的入手位置（即大戶入手位）則有頗重要的參考價值，因此筆者亦將首個目標訂為0.4元水平；至於下一個目標價，則是在上文計算出的最低合理估值0.62元。

## 4）止蝕價

雖然股價下行風險很低，但意外就是意外，所以還是要定下一個止蝕水平較為安心。筆者作出建議前公司股價持續於0.28元至0.36元之間徘徊多時，參考0.28元為重要的底部支持位置，所以筆者亦以0.27元為止蝕水平（比低點0.28元再調低一點，慎防假突破的情況）。

# 4.6

# 交易過程

今次筆者較幸運,在約0.315元水平買入第一注後,其後亦順利在
0.295元買入了第二注,總平均成本價約為0.305元。股價其後最
低曾見0.29元便見底回升(大股東的增持水平起作用了!),往後
時間持續於0.3元至0.35元之間徘徊,直到2019年1月底出現巨
額成交後才突破向上。在2019年3月12日,其股價亦升抵個人訂
下的首個目標0.4元水平。鑑於當時市場氣氛不俗,個人對其業績
亦有一定期望,因此當時並沒有即時沽貨離場,只將止蝕位置上移
至0.335元水平(由止蝕轉為止賺)令風險水平大幅減低。

## 止賺位置 順勢上移

其後公司於2019年3月20日公布的2018年全年業績亦大概符合
個人預期,因應當時最新的財務狀況,止賺位置亦順勢上移至0.35
元水平(後面將有詳細分享)。

令人意外的是，港交所的股權申報反映張金兵自2019年3月27日開始減持公司股份，其減持價大致和其估值的成本價相若。呆等了一年沒有任何動作，反而在股價穩步上揚時才平手沽貨離場，更令筆者覺得故事還未完結。反正公司基本因素沒有大變，止賺位置亦不曾觸及，那就繼續持有股份好了。

## 成本下降 安心持有

其後股價於2019年7月12日見0.435元年內高位後回落，經過一輪調整後於2019年8月8日突破再上，當時亦逐步將止賺位置調升至0.42元水平（即除息後約0.38元水平），股價亦升至最高0.475元（2019年8月27日）才見頂回落。由於公司之基本因素一直沒有消失，當時筆者亦只是將手上30%的股份沽售，剩下的股份一直持有至今。

計及股息及已鎖定之利潤，現時手持股份之成本已下跌至約0.24元水平。除非市場出現極度意外的消息（即使嚴重如現時新冠狀病毒疫情爆發，零售類股份處於重災區時，其股價仍徘徊於0.3元水平），否則股價失守筆者成本價的可能性亦相當之低。

假如要量化回報的話，與建議股份當日相比，亨得利在一年內錄得44.8%回報，同期恒生指數則錄得6.5%之跌幅，表現亦可說是大幅跑贏市場。

# 4.7

# 檢討策略

公司的營運表現以及資產水平，往往隨著時間而出現改變。假若投資者是以基本因素為主要買入原因的話（不論是基於盈利能力或是財務狀況），每當公司公布最新業績時（部份公司會公布季度業績簡報，但還是中期及末期業績公告的資料較為詳盡），投資者亦應審視一番並與原先預期作比較，看看是否有調整策略的必要。

和百仕達控股（1168）及國微控股（2239）不同的是，亨得利（3389）的最大賣點在於其異常豐厚的資產（主要股東張金兵的行動難以揣測），因此在公司宣布2018年全年業績後，筆者亦即時將其業績和原先預期作比較，並重新審視自己的投資策略（留意當時只出現中美貿易戰的問題），先看看一些報表的數字。

# 綜合損益表

1. 收入和上一年比較有10%升幅，但主要是由於上半年貿易戰問題未浮現時所帶動。下半年收入其實和上半年相若，但沒有明顯倒退已屬可接受水平。

2. 毛利率由2017年15.8%升至2018年17.2%，此數字上升而收入保持，合格。

3. 一般經營開支（分銷成本加行政費用）和2017年相比上升0.7%，升幅溫和主要源於物業租賃費用下降，和筆者前文的預期相若。

4. 一如預期財務成本大幅下降。

5. 公司下半年盈利比上半年多（下半年為4,519萬元人民幣；上半年為3,405萬元人民幣），主要原因來自下半年所得稅計提比上半年少，實際增長未算吸引。

6. 以每股基本盈利0.015元人民幣計算（當時匯率為1.165），當時市盈率約為13倍，息率3.5%，算是不過不失的水平。

# 綜合財務狀況表

1. 基本上未有重大改變，淨現金自中期業績16.3億元人民幣，升至年底20.5億元人民幣，主要是由於流動應收賬款由6.3億元人民幣，下跌至3.1億元人民幣。如早前中期業績所指，應收賬款中包含了第三方墊款2.11億元人民幣，相信在年底前已經全數收回（在早前分析中，保守計算下並不預期收回此款項）。

2. 根據最新的業績，對於公司合理的估值作出了如下調整（與中期估值比較，只調整明顯改變那些）：

   1）公司持有之力世紀股價下跌至0.5元，最新估值為8,800萬元人民幣（2.05476億股 x$0.5/1.165），亦即調低0.88億元人民幣。

   2）其他應收款原估值為零，現將已回收之第三方墊款2.11億元人民幣加入保守估值之內（其實中期報告內的其他應收款已全數不見3.02億元人民幣，但保守計只用2.11億元人民幣那個數字）。

那公司的最新保守估值應修正為31.21億元，相當於每股0.67港元：

| | 億港元 | 億元人民幣 |
|---|---|---|
| 前期分析保守估值 | 29.12 | 25.56 |
| 加：第三方墊款 | | 2.11 |
| 減：力世紀估值下調 | | (0.88) |
| 最新保守估值 | 31.21 | 26.79 |

    3）    公司現金減除公司所有負債為17.17億元人民幣，相當於每股0.43港元（留意人民幣升值亦是其中一個帶動公司估值上升的原因）。

# 派息

1. 公司派發末期股息每股0.012元人民幣，筆者認為是份屬合理：

    i）    其派息比率為81.4%，在未有重大資金需求下派80%以上息率是一個對股東負責任的行為。

    ii）公司坐擁大量現金，絕對有條件派特別息。不過也可能是新股東（張金兵）進場後有其他後續動作而保留現金，需留意接下來一年公司有沒有其他特別行動。

# 投資策略

按當時最新的財務數據，有兩個重要的參考位置：公司淨現金價0.43港元；以及公司保守估值0.67港元。筆者將原先止賺位置調高至0.350港元水平，目標價則因應最新保守估值價而調高至0.67港元水平。

可惜其後市場發生了太多意外的事情，包括在2019年中出現的社會運動事件及2020年初出現的新冠狀病毒，身處零售股重災區的亨得利亦跟隨大市同步下滑，且財務報表上亦出現了一定程度的變化。但本書主要以投資分享為主，因此亦想藉此作為調整投資策略的例子。

# 5

## 環球亂局下的
## 高息選擇

# 5.1

# 選擇高息股的基本條件

近日環球股票市場表現欠佳，在實際派息水平未有大變的前提下，股票息率亦因股價下挫而明顯上升。部份藍籌股的股息亦升至5%或以上水平，對比現時可有可無的存款利息，可說是十分吸引。亦正如本書早前所提到，二線股往往被市場忽略，不少公司更提供8%或以上的股息。不過投資者在選擇高息股的時候，亦不應單以過去一年的派息金額作為基準，下文便列舉了部份需留意的地方給大家參考：

## 1) 息率水平

到底股息在哪一個水平才算是吸引，其實很視乎個人的風險取態。但為了讓讀者有一個較為清晰的指引，筆者會建議大家參考美國長期利率作為一個客觀的指標。

在2018年12月美國聯儲局宣布加息四分之一厘時（往後美國便再次踏入減息周期），當時長期利率指標亦不過是約3%。隨著各國央行不斷減息和放水，現時美國長期利率亦已下降至接近零水平。美國白宮首席經濟顧問庫德洛更表示，在其有生之年應看不見利息上升，可見長遠加息的空間實在非常有限。當然，保守的筆者亦不排除環球經濟在往後數年突然出現加息的可能性，但要超越早前美國經濟極盛時所訂下的3%水平，機會可說是微乎其微。因此，以3%為最基本入場券可說是非常合理。

由於股息存在一定的不確定性（如公司盈利能力或派息比率等）及投資公司本身亦存在一定風險，因此投資者亦應在3%的水平加上一個額外回報（即溢價）。風險承受能力越高者，其要求的溢價亦較低，而相對比於風險程度較高的二線股，要求的溢價亦自然比一線股為高。筆者自己傾向以1%（一線股）及3%（二線股）為基本標準，再按個別公司的風險水平作出調整。

有了基本息率這個基準後，其實可以選擇的對象已經大為減少。

## 2) 經營活動產生的現金流 （Operating Cashflow）

公司派息穩定，必須要有穩定的利潤水平。不過損益表內的數字包括了不少一次性以及非現金流的項目，如果單靠盈利水平亦難以估計其派息能力。

因此，個人會建議大家參考公司現金流量表（Cashflow）內的經營活動產生的現金流，此數字已撇除了會計項目（如折舊），投資收入（如出售物業／資產）以及財務收入（如配股／舉債），亦較能直接反映公司持續性的現金流量。

當然，此數字亦不應單以一年的報表作參考，最好有數年或以上往績可靠性才高。

## 3）派息記錄

大家應參考公司最少五年或以上的派息記錄（特別息不包括在內），才能視其為穩定派息的公司。

當然，歷史的派息習慣亦不一定代表將來會重複發生。但有部份因素值得大家作為借鏡：

## a )大股東對資金有一定需求

此類公司股權一般較為集中，派息亦是大股東套現的大好機會。即使盈利水平不足，亦有機會出現派凸的情況（即每股股息高於每股盈利）。

金沙中國（1928）便是一個很好的例子。

## b )明確派息指引

部份公司會有明確的dividend payout ratio，特別在穩定的行業，在盈利水平變化不大的情況下，派息的持續性亦較容易預計得到。

房地產信託基金便是一個明顯的例子。

## c )投資者之預期

部份公司為了吸引投資者，雖然沒有明確的派息政策。但為了避免好息之途因派息轉變而沽貨離場，亦會盡可能維持穩定的派息水平。

滙控（0005）及恒生（0011）每季派息的政策便是一例。而滙控因跟隨監管機構指引而暫停派息，可算是一個特殊例子。

# 4) 公司資金需求不大

當公司因營運而產生利潤，扣除基本開支及償還債務後，資金對管理層來說只有兩個主要用途：再投資或者派息。

而到底採用哪個方法，很自然就視乎哪個方式的回報較為吸引。如果公司本業增長空間有限，而再投資的回報亦不算吸引，那剩餘的資金用來派息的可能性自然會大增。

因此，投資者宜傾向選擇行業穩定的公司（高增長的反而不好）作為收息股的對象。

# 5.2

# 實戰——中遠海運國際

自2020年初新型冠狀病毒在中國湖北武漢爆發後,疫情逐步蔓延至世界各地。執筆時疫情仍然未有受控的跡象,有不少國家甚至採取封城的措施去減低傳播的速度。環球央行為了減低疫情對市場及經濟帶來的衝擊,不惜任何代價去為市場注入流動性,減息及買債等行動不絕於耳。美國聯邦基金利率一向被視為環球息率的風向指標,亦因為連番緊急減息而下調至0%至0.25%的目標區間,資產負債表更是首次突破5萬億美元水平(截至2020年5月13日,數字為6.98萬億美元)。

## 派息穩定 備受追捧

能否令經濟回穩仍是未知之素,但可以肯定的是,現時的貨幣貶值速度已超越2008年金融海嘯時的情況。在購買力不斷被蠶食的情況下,派息穩定的高息股必然成為投資者追捧的對象。正如前

文所言，有不少二線股份因被市場忽視而估值明顯偏低。而接下來的主角，就是筆者因應本書而撰寫的高息股對象——中遠海運國際（0517）。

先簡單講一下為何筆者會留意此股。其實早在2010年12月，公司以每股5.6元悉售手上持有的9.5億股遠洋集團（3377）並套現53.2億元，當時筆者已留意到此股份持有之現金量遠高於合理水平。筆者曾一度估計公司將有大動作發生（包括被私有化或作出併購活動），唯最終卻未有兌現。而筆者亦有一個習慣，就是每年當主要業績期過後（即4月初及10月初），筆者皆會將所有公司的業績簡略看一遍。此舉既可發掘新的投資機會，同時亦可對慣常留意的股份作一個update。千挑萬選下，最終揀選了派息穩定性最高、而股價下行風險卻偏低的中遠海運國際。

# 5.3

# 長期收息的理想對象

按公司最新公布的2019年全年業績顯示，集團之現金及現金等價物高達63.2億港元，但總負債卻只有11.6億港元（包括了流動負債10.9億港元及非流動負債0.7億港元），相當於淨現金51.6億港元。以現時總發行股份15.3億股計算，相當於每股淨現金水平高達3.37港元，相比當時即2020年4月8日收市價2.12元高逾59％！還記得早前亨得利的最壞情況嗎？這代表了即使公司在買入後立即倒閉，投資者除了可以全數取回本金外，還可以每股獲得59％的額外回報。單單這個含金量超高的賣點，其實已足以成為一個合理的買入原因。

## 具可持續性

當然，如果管理層選擇不派發股息予股東，那再多的現金也只是鏡花水月，股東並無法真正受惠。參考自2014年起的派息記錄，不難發現其派息實在是非常穩定：

| | 全年總派息 |
|---|---|
| 2014年度 | 13仙 |
| 2015年度 | 16仙 |
| 2016年度(包括5仙特別息) | 14.5仙 |
| 2017年度 | 18仙 |
| 2018年度 | 14仙 |
| 2019年度 | 16.5仙 |

按最新的2019年度派息水平看,其股息率高達7.7%,遠勝不少一線股份。

即使以最差的2014年作參考,現時派息的水平仍超過6%。假如單從6%股息這個數字,也稱不上十分吸引,但如果大家同時考慮到其派息的可持續性,那吸引力便會大大增加:

1) 公司一直維持派息比率於約75%水平,基於行業的資金需求不大,即使盈利出現下調的情況,仍能提高派息比率(如2016年般)去維持相若派息水平。

2) 如上文所言,公司坐擁大量現金,即使出現虧損的情況仍無損其派息能力。

3) 面對疫情的困擾,公司於2019年仍選擇提高其派息水平(公布日為2020年3月23日),那是一個強力的證明公司派息的穩定性。

大家只要想一想滙控最近暫停派發股息這個例子，便應該明白除了息率吸引外，派息的可持續性亦是一個極其重要的因素。

看過其穩健的財務狀況後，當然亦需要看看其營運能力，確保公司不會因其營運虧損而令手持現金大幅下降。下面為其最近五年的基本營運情況：

| | 營業額（百萬港元） | 股東應佔溢利（百萬港元） |
|---|---|---|
| 2015年度 | 6,000 | 336 |
| 2016年度 | 7,430 | 237 |
| 2017年度 | 8,786 | 356 |
| 2018年度 | 9,522 | 286 |
| 2019年度 | 3,266 | 331 |

從上述數據可以看到，公司的盈利能力可說是非常穩定。2019年營業額大幅下跌，主要是由於收縮低毛利率的船舶燃料及相關業務，惟對整體營運未見有太大影響。在其主要股東中遠海運的支持下，筆者亦有理由相信其盈利能力在可見將來不會有太大的變動。（大家亦可翻看其年報中的附註，當中有不少收入來自關連公司交易。）

確認了此股為長期收息的理想對象後，下一步便是確認相對應的投資策略了。

# 5.4

# 時間性、買入位置

## 時間性

由於買入的原因以收取股息為主，因此沒有任何投資時間限制。

## 買入位置

即使在2018年12月美國聯儲局宣布加息四分之一厘時（往後美國便再次踏入減息周期），當時長期利率指標亦不過是約3%。隨著各國央行不斷減息和放水，相信十年內亦難以重返此水平之上。以此作為基準再加上3%的額外回報（3%是筆者自己訂立，讀者可按自己的要求調整），那6%便是筆者認為吸引的買入位置。

由於近期市況波動，亦不排除能夠在更吸引的水平買入。以每年股息13仙作參考（這是基於最保守的假設，實際息率應遠高於此水

平），下圖為股息率和相對應的買入價格：

| 股息回報 | 買入價 |
|---------|--------|
| 6% | $2.17 |
| 6.5% | $2.00 |
| 7% | $1.86 |
| 7.5% | $1.73 |
| 8.0% | $1.63 |
| 8.5% | $1.53 |

參考上圖的回報率，筆者建議以2.15元、2元 和1.85元分三注入市。假如三注全數成功進場，入場均價為2元及保守息率6.5%。

# 5.5

# 目標價、止蝕價

## 目標價

雖然股份以收息為主要原因，但假如股價出現巨大升幅的話（當然不是壞事），在派息水平不變的前提下股息回報便會下降。相信出現此情況，最大的可能性便是被母公司私有化。近期市場出現不少國企重組活動（如華能新能源（0958）被母公司成功私有化），在強大的誘因下亦不排除此公司有被私有化的可能性。

按最新股權披露資料，母公司中遠集團持有公司約10.13億股，佔公司總發行股份66.12%。換句話說，其他股東則持有5.19億股（即33.88%）。假設公司以3元私有化（那已等同41.5%溢價），母公司亦只需付出15.57億元現金便可即時獲得公司的全數擁有權。相對於原先擁有34.1億元的淨現金（$51.6億x66.12%）比例，單單是現金的擁有權便增加了17.5億元($51.6億-$34.1億)，甚

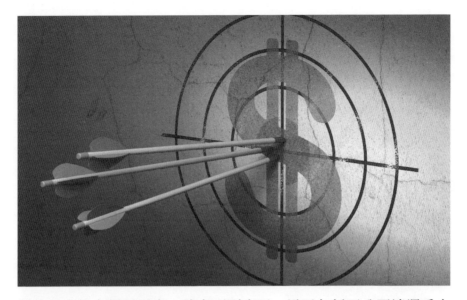

至比付出的金額還要高。讀者可別忘了，這已包括了公司清還手上所有負債，但卻未包括手頭上任何一項資產，可見私有化的吸引力有多大。

回歸正題，筆者雖無法肯定其私有化的作價（如果真的發生），但筆者仍可用股息的回報去預算離場的目標位置。同樣以13仙為保守的派息水平，低於5%股息回報為不吸引的前提下，得出2.9元、3.25元及4.3元三個目標位置：

| 股息回報 | 目標價 |
| --- | --- |
| 4.5% | $2.89 |
| 4% | $3.25 |
| 3% | $4.30 |

第 5 章　環球亂局下的高息選擇　　　　　　　135

# 止蝕價

基於其淨現金量甚高的基礎,相信下跌至1.7元 或以下的水平機會甚低(註:2020年3月市場恐慌性拋售下亦只低見1.7元,如附圖)。但抱著凡事皆有可能的心態,筆者還是會將止蝕位訂於1.65元水平,相當於最低買入位1.85元的10%之下,同時亦稍低於早前1.7元的低位(避免因假突破而錯誤止蝕)。當然,如果股價其後未能如願分三注全數買入,止蝕的水平亦應相對應作出調整。

執筆時,筆者已按上文的策略買入了第一注。希望在讀者看到此文時,仍有機會於吸引的水平買入此股作長線收息吧!

**圖表 5.51 中遠海運國際股價走勢**

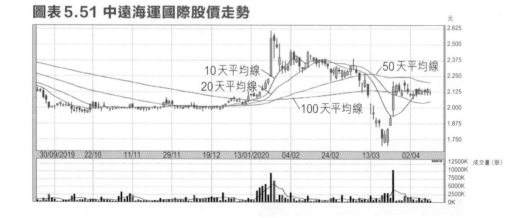

跟大家分享了數個實戰例子後，相信讀者已大致明白筆者由「眾裡尋它」到真金白銀投資，及至繼續持有或離場的策略。下一章筆者要說的，主要是教讀者如何做好風險管理，亦是筆者認為在投資中的重中之重，如果只一尾追求升升升，而沒有顧及到下行風險，是可以跌入無底深潭，甚至不能翻身的。在投資中首先管好風險，尤其是大市及個股的下行風險，這個對筆者來說，絕對是最希望讀者能學會的，正所謂有本未為輸，在投資市場要學會收放自如，風險管理萬萬不能忽視。

# 6

## 分段部署
## 做好風險管理

# 6.1

# 首要考慮：下行風險

很多時候，一般投資者在進行投資決定時，往往只會單方面從向好的角度出發，憧憬股票在買入後便會一如預期向目標價進發。但實際上，股價的走勢由多個因素組成，有機會向上之餘同時亦有向下的可能性。如果投資者在作出投資決定前同步考慮到下行的可能性，那一旦遇上預期之外（即股價向下）的情況，便不會出現手足無措的情況。

## 嚴格執行止蝕

即使是投資經驗豐富、在入市前做足功課的投資者，亦有可能因為市場突如其來的變化（例如美國總統特朗普突然挑起中美貿易戰，甚至是近日新冠狀病毒在全球肆虐）而影響了股價的走勢。市場瞬息萬變，所以讀者在決定每個投資前，都應該同時訂下目標價位（上行潛在回報）與及止蝕位置（下行潛在風險）。而當股價觸及止

蝕位置時，便應嚴格執行止蝕的決定去減低下行風險。

那為何下行風險永遠要排在潛在回報之前，成為首要的考慮因素呢？

第一，所有投資者（包括筆者）都有潛在高估自己能力的傾向。如果不認同自己的能力，那就直接跟隨大市買指數好了，何需浪費時間去作出選股的決定？亦正因這種自我放大的心理，在投資決定上往往出現了「高估回報、低估風險」的情況。將下行風險放在首要位置，正好為這種不平衡的心態作出一個修正。

第二，投資者手上的資金相對有限。當面對虧損時不選擇止蝕去減低下行風險，除了心理上需承受更大的壓力外（更可能因不願意面對大幅虧損而失去理性判斷能力），從數學概念上亦是不理想的做法。讀者試想想，當股價下跌10%時，那股價只需要回升11.1%便可打和，但當股價下跌30%時，那便需要回升42.9%才可打回原型。隨著下跌幅度越大，那需要回升的幅度便會以幾何級數上升，要達標的可能性自然越加困難。

## 有本未為輸

就正如被市場公認為價值投資者的代表股神巴菲特，他的第一條法則是不要蝕錢，第二條則是不要忘了第一條原則（第二條是市場傳聞，未經證實）。當然，不要蝕錢是一個誇張的手法（正如他也無法完全避免投資失利的情況），但這亦反映了關注下行風險是作為理性投資者不可或缺的主要部份。

面對波動性和風險度更高的二線股份，減低下行風險（即止蝕）更應視為重中之重。

# 6.2

# 核心－衛星投資策略

很多時候，當投資者遇上心儀股份的時候，便會不期然將大部份資金押進同一股票之上，期望達到高回報的結果。但實際上，這種「一注獨贏」的投資方式存在著不少問題，特別是波幅程度較高的二線股份，風險程度更是倍數上升：

## 1) 資訊不平衡

和機構投資者不同，大部份散戶投資者只能透過公開市場資訊取得公司的資料（如公司公告、財務報表和市場新聞等），但對公司的實際營運和管理層的質素理解卻非常有限。部份企業管治不足的公司，更容易出現造假的情況，普通投資者要避開此等陷阱絕非容易（連核數師亦強調責任不包括公司造假等問題）。

退一步看，即使公司有良好的企業管治，散戶獲取資訊亦有滯後的問題，隨時在股價出現異動後還未清楚發生甚麼事情。在後知後覺的情況下，所作出的投資決定可靠性自然大幅下降。

## 2) 持貨者心理質素下降

除了分析能力以外，投資者的心理質素對於投資結果亦有莫大影響。當手上的資金過份集中於單一股票時，心理上自然需要承受更大的壓大。即使有周詳的計劃（買入理由充分配合明確的目標和止

蝕位置），一旦遇上預期以外的下行走勢，亦很容易因為賬面上的損失而有所動搖；即使買入後股價持續向上，亦有可能因為中途出現的輕微調整而過早離場。這種人性的貪婪與恐懼，就算是身經百戰的投資者亦無可避免。

## 可考慮八二比例

要解決上述的問題，就只有避免將資金集中於單一股份之上。筆者建議，讀者可考慮採用「核心—衛星」投資策略（Core Satellite Investing），在風險與回報之間取得一個平衡。核心（Core）就是指核心的投資，這部份投資的目標是確保組合表現與大市表現大致同步（當然也有少部份差異，那就是選股的能力，但整體上不會有太大的偏離。）至於衛星(Satellite)，就是將資金投放在風險較高的投資之上。這部分由於金額較少，即使在投資失誤的的情況下（當然還是需要止蝕，否則仍會大幅影響整體表現），對整體組合的損失亦有限，投資者也不會因此而對心理造成太大壓力。而一旦成功命中，倍數的回報則可以大幅提高整體組合的表現。這種方式亦可以套用在任何類型的投資，包括債券甚至物業等等。最主要的重點，是將大部份資金放在低回報低風險的產品，小量資金則放在高回報高風險的產品。至於哪個比例才合適，可參考前文提及二線股

的持倉比例條件。

直接以股票投資作為例子，投資者可以將80%的可動用投資投放至風險較低的大型企業之上。此類股份回報雖然普遍較低，但同時面對的風險亦同樣較低。而股價表現與大市大致同步時，亦會減低投資者持貨的憂慮（跟隨大市下跌較容易接受）。至於餘下之20%，則放在風險水平較高的二線股份之上。如能成功捕捉倍升的二線股，將可大幅提高整體組合之回報；即使表現平平或出現有限度之虧損，亦能受惠於組合的穩健部分以減低損失。

投資者亦可以因應自己可承受的風險程度，自行調高（風險較高）或調低（風險較低）二線股在組合中之比重。

# 6.3

# 最少分兩注進場

股票市場的投資方法不外乎兩種，分別是（1）基本因素分析及（2）技術走勢分析。

## （1）基本因素分析

此方式主要從公司內在價值層面出發，計算企業合理的估值從而作出投資決定。投資者會以管理層的角度去衡量一間公司的投資價值，例如盈利能力、財務狀況、派息水平，甚至是公司的行業特性及前景等等。由於此類分析方式是以「價值」為核心標準，因此亦較適合作分析長線投資（短期股價走勢主要受資金及供求關係所帶動）之工具。

# （2）技術走勢分析

此方式並不會考慮任何公司的內在價值，只會基於歷史股價數據作系統性分析。技術分析的方法五花百門，如讀者經常聽到的移動平均線、陰陽燭、保力加通道等等皆屬於技術分析的方法。由於市場亦有眾多渠道獲得相關的知識（筆者雖有一定認識，但自問並非專家），所以亦不會在此詳談。總括而言，技術分析多集中於尋求價位上的支持和阻力位置，較適合作短線投資及訂立投資計劃（買入止蝕及目標位置）。

在筆者而言，個人採取的投資方式皆以基本面為出發點，因此亦會傾向在股價回落時才作出吸納（價值不變的前提下，股價回落幅度越大便會越吸引）。但這同時亦衍生出一個問題：短期股價走勢往往有一種趨向性，下跌的時候只會引來更大的沽壓（包括了追沽及止蝕的投資者），隨時會出現低處未算低的局面。投資者假如貿然大舉進場的話，隨時今天的低位變成了明天的高位，手上亦會因未變現的虧損而造成心理壓力。

# 各注買入位置不要太近

為減低過早進場之風險，筆者建議投資者應最少分開兩注或以上進場。而各注的入市位置距離亦不應太近，否則便失去了平均成本的意義。何為合理並沒有一定的客觀標準，如果股份本身波動性高，那分注的距離自然要更大；而投資者可承受的風險水平較低，分注的距離亦要更大，才可令到拉低成本的效益更大。假如資金豐厚的，更可以分開多注進場，一旦摸底失敗，由於初時投資的金額減低，相對上損失亦會較輕微，而手上預留的資金亦可以在跌市時有更大的彈性。反過來說，假如買入第一注後便持續向上，亦可以考慮在高位加注以求獲取更佳回報（但止蝕位置亦需同步提高），惟加注的金額必須低於首注的金額，避免出現過度放大風險的情況。

分注進場對於二線股份亦有另外一個好處：由於市場的關注度低（在未被市場發掘炒上前），能於市場主動吸納的股份亦相對有限（隨時單日只有數萬元成交額），分注進場的方式亦可以減低價格衝擊成本（price impact）所帶來的影響。

# 6.4

# 報表中值得留意的重點

前文跟讀者提到，投資二線股份應以基本因素為首要考慮條件。但網上資料眾多，特別是一般投資者對會計及金融方面的專業知識有限，到底如何對基本因素作出合理分析亦不是一件容易的事情。因此，下文就簡單介紹一下筆者在報表中經常會留意的地方：

## 1）業務展望

在年報的管理層討論與分析中，最後一段通常都會提及公司對未來前景的展望，投資者亦可大概了解到管理層對來年業績的基本看法。雖然言論普遍傾向正面，但仍可從中留意到一些在報表（即歷史數據）中看不到的事情。

# 2) 獨立核數師報告

所有數據上的分析,其實也是建基於數字上的真確性。如果數字本身的可靠性不足,那所有分析也會變得毫無意義。核數師的報告內容相若,但其審計意見可反映公司財務報表的可信性。一般而言,呈現下面的意見才算為是可靠:

我們認為,該等綜合財務報表已根據香港會計師公會頒佈之《香港財務報告準則》真實而中肯地反映了 貴集團於二零XX年X月XX日的綜合財務狀況及其截至該日止年度之綜合財務表現及綜合現金流量,並已遵照香港《公司條例》妥為擬備。

當然，核數師表示沒有問題亦不代表公司不會出事，但經過第三者作審核（特別是四大會計師樓）風險自然有所下降。

# 3) 綜合損益表

除了留意公司的底數（即年內利潤）外，投資者亦可配合附註中的年內利潤，找出公司較為重要的收入及開支。如存在一次性收益的盈利或虧損，又或者是非現金流的調整（如減值及撥備等），亦需考慮作出調整以便更真實反映公司的營運能力。

# 4) 綜合財務狀況表

一般讀者未必能夠有能力深入分析每一項資產或負債，但整體上仍需留意幾個項目：

## A) 淨流動資產

公司必須持有淨流動資產（即總流動資產減去總流動負債），才能確保有足夠能力維持最少一年的資金營運需求。如果出現淨流動負債的話，核數師報告亦很大可能會提及此問題。

## B )現金及其他可靠性較高之資產

現金為最容易審計、且估值不用作出調整資產。而其他資產則有可能出現估值誤差的情況，筆者簡單將常見的資產可靠性由高至低排列：

現金及現金等價物→上市公司股票及債券投資（有市場成交價作參考）→物業（物業評估涉及主觀標準）→應收賬款及其他應收款（有回收可能性的問題）→非上市公司股票及債券投資（缺乏市場成交價及參考）→應佔聯營公司及合營公司資產→固定資產（非物業部份）→無形資產（如商譽及使用權等）

## C )本公司擁有人應佔權益

本公司擁有人應佔權益（即總資產減總負債及非控股權益）反映投資者真正持有的公司淨資產，如出現負數則代表公司資不抵債，隨時出現破產的情況。此問題同樣會在核數師報告中反映。

# 5) 綜合現金流量表

損益表中難免包括不少非現金性的收入和開支（如折舊及物業重估收益等），容易因為財技而出現偏頗的情況，但現金流可以調節的地方卻相對有限，因此可靠性亦自然大增。當中，投資者宜留意公司能否持續產生經營活動現金淨流入，這能直接反映公司的基本營運是否健康。

# 6) 綜合財務報表附註

## A) 分類資料

作為一間上市公司，通常都會經營多於一項業務，同時亦不會集中於單一市場。投資者可以參考分類資料，對各業務的營運表現及資產分布有更深入的了解。

## B) 貸款

在附註中皆會列明貸款之償還年期（包括一年內、一年至兩年、兩年至五年、及五年以後），投資者可與公司之流動資產及營運收入作對比，預算一下往後數年的償還能力。

## C) 購股權計劃

不少公司皆會透過購股權計劃去獎勵僱員、董事及其他相關人士，此附註清楚列明所有購股權之數量、行使價及行使期。由於行使購股權對公司的資產及每股盈利皆會造成攤薄效應，而市場的股份供應量亦同時提高，如遇上公司存有大量或極低行使價之購股權，便需要加倍留意。

D)資本承擔

此附註反映公司已簽署的合約（即具備法律效力）但仍未支付的資本開支。此金額並未有在財務報表中反映，如金額巨大亦有機會對公司的財務狀況出現重大影響。

# 7)五年財務概要

上市公司皆會在年報中提供過去五年的基本業績表現及資產及負債，投資者可從中了解公司業務的穩定及增長性。

當然，上文提及的只是一個很基本的分析，亦是給予沒有專業會計知識的讀者作一個簡單參考。如果要深入分析的話還是要整份年報看一次，再對每項收入及開支、以及資產及負債作出評估。

# 6.5

# 小心技術分析的陷阱

一談到投資二線股份，相信不少讀者都會想到透過技術分析獲利。坊間最常見的炒作方式有：

1. 股價突破長期橫行區域後追入。

2. 股價升穿特定阻力位置（如即日、即月甚至是年內高位）後追入。

3. 股價及成交量突然同步大幅上升。

4. 其他技術分析指標如保力加通道頂部、移動平均線等出現突破訊號。

# 技術分析為輔助

筆者並非否定技術分析的價值，但個人而言則始終會將基本因素分析放在前頭，再以技術分析為輔去作出投資決定：

所有的技術分析，其重點皆在於股價的變化之上，跟公司的基本因素完全扯不上關係。一間公司盈利能力再高、實力再雄厚，假如其股價持續不振，在技術分析而言也是一文不值。反之，如果公司的股價能持續平穩向上，而成交亦見配合，即使連年虧損，甚至是資不抵債（即負資產）的公司，也可以成為買入的理想對象。但公司

始終是一盤生意，而股票投資者的真正身份就是其股東。讀者可以想像到，如果買入如上述例子後者一樣的公司，能否真的可以安心持有？

# 止蝕並非萬能

讀者可能會問，只要嚴守止蝕的話，一旦公司失守支持位置便狠心止蝕離場，單靠技術分析便已足夠，那又何需考慮公司的基本因素呢？的確，止蝕是其中一種風險管理去減低投資者所承受之損失，但這亦並非萬試萬靈。最明顯的例子，就是公司突然出現裂口下跌的情況，任何止蝕皆無用武之地。

就以曾經被David Webb在2019年8月提出質疑的雅高控股（3313）為例，在2019年11月20日升至接近歷史高位14.8元收市，豈料MSCI突然宣布放棄將其納入於中國股票指數之內，翌日股價便於5.7元裂口低開，跌幅高達61%，同日更跌98%至0.305元而中途停牌，止蝕可說是完全無用武之地。（於2020年5月18日，其收市價更跌至0.09元。）假如從基本因素角度去看，此公司的每股資產淨值才不過約0.54元人民幣，而公司的收入下降及虧損擴大，皆反映公司難以支持如此高的估值，投資者要避過此劫可說是非常容易。

# 有些股股價升跌是非理性

剛才提到的例子，勉強也可以說是由於市場消息（被MSCI離棄）而造成。但更有不少例子，是股價在毫無原因的情況下出現急升急跌現象。接下來說的就是另一間在2019年市場較為關注的二線公司——愛得威建設集團（6189）：

公司於2016年11月25日以招股價5.2元上市，其後股價和其業績一樣平平穩穩，2018年全年股價持續於7.5元附近水平徘徊。惟股價自2019年7月起便急速起步，於半年內急升3倍至近30元水平。翻查公司公告，除了完成配售股份及有意發行A股外，公司實質上卻未見出現任何變化。

**圖表6.51雅高控股股價走勢**

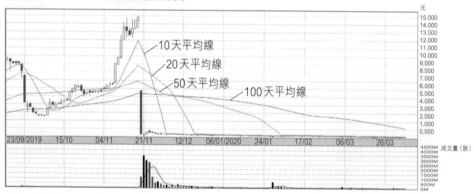

## 圖表6.52 愛得威建設股價走勢

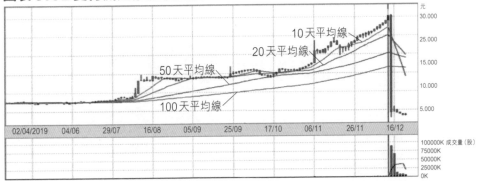

結果公司亦同樣出現了高台跳水的變化，於2019年12月12日才出現31.9元的上市高位，平均線等技術指標亦明顯向好，但翌日卻在毫無先兆下急跌85%至4.4元水平（於2020年5月18日，其收市價更跌至1.28元）。

筆者一向都認為，圖表一向都是大戶吸引散戶的投資工具（特別是成本較低的二線股），一般散戶其實很難準確捕捉真正的高位所在。而單靠技術分析而入市的話，更隨時會墮入圖表陷阱的圈套。

# 6.6

# 投資前先計值博率

作為一個理性的投資者，在每下一個投資決定前都應該先計算一下值博率。當值博率越高，那亦代表獲利的機會越大。那到底應該如何計算值博率呢？

值博率主要包括兩部份，一部份是股價升跌的機會率，而另一部份則是升幅和跌幅的多寡。計算公式如下：

值博率 =（上行機率 x 上行幅度）/（下行機率 x 下行幅度）

目標價及止蝕價，可以靠技術分析或是其他方法（可參考下面設定止蝕位置的建議）；至於上下行的機率則是一個比較主觀的看法。例如技術走勢向好、大市整體氣氛熾熱，甚至是行業出現炒作都可以令上行機率提高。如果投資者本身沒有太大的方向，那就直接用50%（上下行機會均等）便可以了。

筆者就舉一個例子讓讀者較易理解。下圖為兩隻業務性質相近的股票，經分析後預測的股價變化如下：

| 股票 | 現價 | 上行機率 | 下行機率 | 目標價 | 止蝕價 |
|------|------|----------|----------|--------|--------|
| A | 1元 | 70% | 30% | 1.5元（+50%） | 0.8元（-20%） |
| B | 2元 | 40% | 60% | 4元（+100%） | 1元（-50%） |

股票 A 及股票 B 的值博率分別為：

股票 A：（70% x 50%）/（30% x 20%）＝ 5.83 倍

股票 B：（40% x 100%）/（60% x 50%）＝ 1.33 倍

不難發現，股票 A 的值博率遠比股票 B 為優勝。

從上述例子可見，雖然股票 B 的潛在回報較大，但由於其上行的機會率較低，同時其股價如下挫時幅度亦更大，因此整體上明顯給比下去。如果投資者單單因為上行幅度大便揀選了股票 B 為投資對象，那便是一個錯誤的決定了。假如完全不考慮到下行風險的話，那錯誤更有可能無法彌補。

# 值博率高於5倍才考慮

由於二線股份的波幅較大，出現誤差或意外的機會亦相對較高。因此，個人會建議讀者只有在值博率高於5倍的時候才適宜考慮，只有達8倍或以上才可算是吸引的投資機會。至於藍籌股等大型企業，能夠有3倍或以上就已經算是一個不錯的水平了。

當然，值博率的計算方式也涉及一定的主觀看法（例如上行及下行的機會率），但能夠將回報概念量化，那總比單純利用直覺投資來得客觀，而投資者亦可較容易因應市況而調整部署（即調整上行及下行機率，以及目標價和止蝕價從而得出新的值博率）。對於分析方面較有自信的投資者，亦可以考慮擴大上下行機會的劃分（如40%升至第一目標，30%升至第二目標及30%觸及止蝕位置）。分析越詳細，那預測與結果出現落差的機會亦越低。

其實市場亦有不少其他投資工具可供讀者選擇（如比較預期回報率），但整體概念同出一轍，那就是無論在任何情況下，投資的風險（即下行潛在損失）及回報（即上行潛在回報）皆成正比。投資者必須同時考慮到上行及下行的可能性，才能夠得出客觀的結論。

# 6.7

# 堅持己見 Vs 作出調整

投資二線股份，最常出現的問題就是經常毫無因由的急升或急跌。當股價急升時，投資者手上的利潤同步上升當然問題不大。但假如遇上的是突如其來的下跌，而市場亦未見傳出任何消息時，投資者的憂慮亦自然大大提高。筆者初遇上此等情況時，亦不禁反思：是不是有利淡的內幕消息令春江鴨提早沽貨行動？是自己分析時忽略了某些重要因素？還是有大戶在看淡大手沽貨？

## 短期升跌可以沒原因

但隨著投資的經驗越加豐富，筆者亦慢慢體會了一樣事件：股價短期的升跌並不需要甚麼原因（當然有時候亦有特別原因），亦無必要勉強去為升跌找出一個原因。既然在投資前做足了準備功夫，那就按原有的計劃好了。當短期供求不平衡的情況消退後，股價中長期仍會重新反映其合理價值。

就以實戰篇中的亨得利控股（3389）作為例子，雖然個人的入手位置已低於每股淨現金水平，但往後股價還是出現了近10%的跌幅才止跌回升。假如當時因為憂慮而沽出的話，那便無法享受其後明顯的升浪。回想起來，其實也真的沒有任何原因去解釋當時的短暫下跌。

雖然有堅持自己看法的必要，但假如出現以下兩個情況的話，讀者還是要作出相應調整：

# 1）觸及止蝕位置

如前文所言，避免下行風險（即止蝕）應視為投資的首要考慮因素。假如股價下跌至止蝕水平，即使在沒有任何因由的情況下亦應按計劃沽出（有極少數例子是在理解下跌原因後修改止蝕位置，但過程較為複雜不在此書詳談）。如果讀者單以「沒有理由急跌」而不選擇執行止蝕，那便失去了風險管理的真正意義。再者，亦難保確實有下跌的原因，只不過讀者資訊接收速度較慢而有所延誤。當負面消息在市場公開時，要止蝕可能已經來得太遲了。

如果讀者多次出現止蝕後急速回升的情況，那最大的可能是止蝕位置訂得不好，而非嚴守止蝕出現了問題。

# 2）買入原因出現轉變

作為一個理性投資者，必定有最少一個原因去選擇一隻股票（道聽途說的只是賭，不是投資）。而當此原因出現改變時，投資者便必需重新審視自己的原有投資計劃以便作出相應調整。

舉例說，投資者對某科技公司的前景十分樂觀，估計其盈利能持續數年出現明顯的複合增長因而決定買入股票。其後因科技出現突破性的發展（非投資者所能預測）而令該公司前景變得不明朗，原先正面的盈利預測亦可能無法兌現，那投資者便必須即時將最新的市場情況列入考慮因素並再重新審視原有投資部署（包括目標價及止蝕位置），亦不可能再盲目堅持自己原有的看法。

# 6.8

# 3大獲利離場策略

能夠在合適的位置進場，只能夠確保股價下行的風險相對有限。但
要從投資取得利潤，還是要在合適的時候離場。特別是二線股的波
幅甚大，如果未能夠好好把握獲利的機會，隨時會令利潤完全蒸
發。

就以早前實戰篇中的百仕達控股（1168）為例，其炒作的重點源於
手上持有的眾安在線的價值。但隨著眾安在線上市數天後股價便大
幅下挫，其利好因素亦迅速被淡化。百仕達控股之股價當時在兩個
月內急升逾倍，但其後亦在三個月內便打回原型。

正所謂一鳥在手，總好過兩鳥在林，下文就和讀者分享三種筆者常
用的獲利離場策略：

## 1)分注離場( 適用於信心一般而波幅較大的股份 )

這方式與分注進場的形式相近。由於投資者難以準確地捕捉股價的最高點離場,過早離場有可能錯失了往後更大的升浪,而過遲則有可能因股價急回而令未變現的利潤大幅下降,分注離場則可以在兩者之間取得平衡。

投資者在決定投資前,可先行設立多於一個目標水平。當抵達首個目標水平時,便可考慮先將手上持有的股票減磅,而減磅的數量則逐步遞減。而在盈利逐步變現的同時,止賺的位置亦可逐步提高,那就可以在風險有限的情況下捕捉最大的升浪。為了方便讀者理解,下面便以一個假設性例子作為說明:

| 行動 | 股數 | 均價 | 成本 | 變現利潤 | 總成本 | 餘下股數 | 調整後成本 |
|------|------|------|------|----------|--------|----------|------------|
| 買入 | 10,000 | 1.00 | 10,000 | - | 10,000 | 10,000 | 1.00 |
| 賣出 | 5,000 | 1.20 | -5,000 | 1,000 | 4,000 | 5,000 | 0.80 |
| 賣出 | 3,000 | 1.50 | -3,000 | 1,500 | -500 | 2,000 | -0.25 |
| 賣出 | 2,000 | 2.00 | -2,000 | 2,000 | | | |
| | | | - | 4,500 | | | |

單以回報看，假如全數持有股價至最終目標價，回報率（100%）將遠高於分注離場的方式（45%）。但實際上股價能否達到最終目標價，事前是沒有人可以百分百肯定的。如採用分注離場方式，在抵達第一目標時手上持貨的平均成本其實已下降了20%。即使遇上股價打回原型的情況，其實手上仍有一定利潤在手，往後的目標就是錦上添花。而持貨的平均成本下降，變相亦令獲利的可能性大幅提高，那投資者持貨的心理質素亦會更強，有助作出理性的投資決定（不會因股價出現中期調整而過份憂慮）。

## 2 )逐步提高止賺位置( 適用於信心不俗而波幅較少的股份 )

這方式同樣在決定投資前先訂下數個目標水平，當升穿目標水平後，便即時將止賺位推高至目標水平位置。重複上述的動作直至抵達最終目標價，或者股價回落至新的止賺位置便全數沽出。這方式同樣屬鎖定利潤的操作，更因為全數持有股份享受升浪，回報率更有可能遠高於分注離場的方式。不過凡事有利亦有弊，假如目標價訂得不好，止賺位置的支持力度亦相對較弱，隨時會因為輕微跌穿止賺位置而全數沽出，那就無法捕捉末段最大的升浪。

## 3 )零成本操作法( 適用於股價短時間急升、或累積盈利水平不低的股份 )

如上文所言，二線股份的交投量一向偏低，股價的波動性亦相對較低。不過一旦因個別原因（甚至是沒有原因下）引起了市場的關注，成交量放大下便有機會出現短期爆升的情況，即使單日出現20%或以上的升幅亦頗為常見（正如讀者看二十大升幅/跌幅榜皆是以二線股份為主）。當遇上此情況下，先取回成本（餘下持有的股份便成為零成本了）可說是最理想的做法。

只要讀者簡單將1除以股價升幅百分比後，便可得出需要沽售股份的數字。下圖為幾個取回零成本的比例：

| 股價升幅 | 需沽出股份數量 |
| --- | --- |
| 20% | 83.3% |
| 40% | 71.4% |
| 60% | 62.5% |
| 80% | 55.5% |
| 100% | 50% |

此方式最大的好處，是將所有投放的成本取回。即使在最壞的情況下（如股價長期停牌，或直接被港交所除牌），最多亦只是蒸發了手上的所有利潤，但絕不會出現虧本的情況，即投資者已經是處於不敗之地。但由於散戶投入的資金有限（特別是二線股份），而沽售股份亦需要以一手為單位，因此個人只會建議在20%或以上回報才會考慮採取此方法。

現時筆者手上持有不少股份（更包括部份長線持有而升幅甚大的一線股份，如於60元左右（經一送一紅股後實際成本為30元）水平買入的平安保險(2318)，其後於約65元沽出一半取回成本），其實都是從零成本操作而來。在沒有任何心理壓力下，筆者現在亦已經不再在意其股價的升升跌跌了，而且還可以持續收到穩定的派息呢。

# 6.9

# 止蝕的藝術

一直跟讀者提到風險管理,嚴守止蝕的重要性,如何訂立止蝕位置很自然便成為一個重要的課題。假如止蝕位訂得太近,可能很容易便觸及止蝕位置離場,積少成多情況下亦會損失慘重;假如止蝕位訂得太遠,投資者又有可能無法承受(無論是心理上或實際上)損失。那到底應該如何訂下止蝕位置才合適呢?以下就是筆者較常用的幾個方法,同時亦指出各自的好處及壞處讓讀者參考:

## 1)按百分比

這是一般投資者最常用的方法,就是直接將買入成本的一個百分比作為止蝕目標,如從買入價下跌5%或10%即時止蝕。至於止蝕的幅度,則視乎(a)持貨長短、(b)股價波幅度及(c)投資者可承受風險水平去決定。

好處：不涉及任何分析成份，簡單易明且能夠極速作出決定。

壞處：止蝕位置應該訂在支持位置之上，那觸及止蝕位置的可能性才會大減。按百分比只是劃一的計算方式，止蝕位置亦未必是真正的支持位置所在，因此在觸及止蝕後反彈的機會亦大大增加。

## 2) 技術分析

另一個投資者較常用的方法，就是利用技術分析去尋找出支持位置，再將止蝕位置放在輕微低於支持位置之下。常用的例子有即月或年內低位，保力加通道底部及移動平均線等。

好處：由於是針對買入股份而訂，參考價值遠比單純平均價為高。

壞處：需要對技術分析有一定掌握能力，而運用不同的技術指標在同一股份之上，有機會出現完全相反的答案，造成訊息混亂的情況。

## 3）財務指標

這方式主要是從公司基本因素出發，基於企業的財務指標作參考而訂出止蝕位置。例如每股的資產淨值，又或是每股淨現金水平等。

好處： 此方式從基本因素面出發，因此不會受到股價走勢所影響，受股價走勢而動搖的可能性亦相對較低。

壞處： 如前文所言，股價短期走勢往往受到資金供求所帶動，未必和企業基本價值一致。因此同樣有可能出現觸及止蝕位置後急速回升的情況。

## 4）大戶入手位置

股價從來都是供應和需求的一個平衡點。由於缺少了投行的影響力，如果能夠找出主要持貨者（可以是主要股東，也可以是莊家）的入手成本，那損失的可能性將會是非常之低。試想想，當買方有壓倒性力量的時候，那即使質素再差的股份，那些主要持貨者亦會想盡方法將股價提高以便獲利離場。市場經常出現無故急升的劣質股份，亦是源於此因素。

至於如何找出主要持貨者的入手位置，方法亦有很多種，例如：

－參考主要股東在港交所申報的增持記錄（緊記這與公司回購不
　同，資金是源於主要股東自身的資金）。

－公司剛上市時的招股價，或其後配售股份的價格。

－中央結算系統（CCASS）中的券商持股變動。

－大手成交記錄。

好處：在二線股而言，有錢可以全權話事。主要持貨者成本支持力
　　　度比其他分析方法更強，出錯機會明顯較低。

壞處：主要持貨者甚有耐性，他們不介意股價短期失守其平均成本
　　　價（反正也可以在之後推高）。止蝕位訂得太貼同樣有機會
　　　出現止蝕後即時倒升情況，訂得太遠則有機會失去止蝕的意
　　　義。

# 止蝕後又回升，怎麼辦？

筆者在投資初期，往往多次遇上止蝕過後股價再次上升，升幅甚至
比買入的位置遠要高的情況。當時的心裡經常在想：如果能堅持已

見的話，那不單不用虧損，賬面上更能獲取豐富的利潤。但經過多年來的實戰的驗證，才發覺這個想法大錯特錯。堅持原有的投資計劃，嚴格執行止蝕才是最理想的投資做法。

觸及止蝕位置而被逼沽出，可能性有多個：

1）止蝕位置並非真正的支持點所在，在計劃時已出現問題；

2）市場（不論是整體市場或目標公司本身）出現預期以外之負面變化，此因素未包括在考慮之內；

3）沒有特別原因（或者是無法得知的原因）。

關於止蝕位定點的問題，筆者在上文已詳細提及。不過最重要的，還是需要投資者自己不斷摸索和累積經驗。正所謂「失敗乃成功之母」，透過自己定位失敗的經驗，經過檢討並作出調整，準繩度慢慢便會提高。至於市場出現意料之外的負面變化，很多時候止蝕的決定亦相對正確，所以亦不在討論範圍之內。反而筆者最想分享的，是在沒有特別原因的情況下止蝕，但股價卻沒有繼續下挫時應該如何自處？

首先，當然是即時留意所有和公司相關的新聞和消息，看看有沒有自己忽略的問題。如果確認自己已經考慮過了所有因素，但仍未能解釋失守止蝕的原因，下一步便先要將早前的失敗經歷全數抹掉，視目標股票為新的一個投資計劃去看待並重新作出部署。下文就提供筆者近期一個較實際的例子，讓讀者可以較容易去理解：

筆者在2019年6月看好當時剛上市的新股錦欣生殖（1951），認為其高增長及業務獨特性能帶來可觀的升幅。參考其招股價格8.54元為強大支持所在，筆者便在7月時以約9元水平買入此股，並以8.5元為止蝕位置（稍低於招股價位置）。豈料在毫無原因的情況下（到現在還看不到原因）其股價卻在8月6日突然急挫並觸及止蝕離場，

總虧損約5.5%。其後公司股價持續於9元附近水平徘徊，直到8月尾業績公布後才再次回穩。

**圖表6.91 錦欣生殖股價走勢**

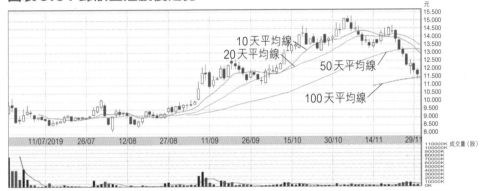

當時筆者考慮了數個因素：

1. 業績符合筆者及市場預期（經調整半年純利倍增）。

2. 自止蝕過後，並未發現有何有關公司的負面消息。

3. 筆者對整體市場後市不大悲觀。

4. 當日急挫止蝕後雖曾低見8.18元上市新低，但即日便倒升收市。其後股價亦只曾單日（2019年8月15日）再次失守招股

價水平，但同樣即日回穩，可見招股價的支持不俗。

因此筆者在業績公布後便再次於9.3元入市（此位置甚至比早前買入高出3%，因為業績公布後更肯定了筆者的看法），止蝕的位置則稍為調高至8.8元水平。其後股價未有失守新止蝕位置更逐步上揚，更於2019年11月高見15元以上水平。保守的筆者雖未能賺取整個升浪（超過50%回報），但筆者於12元及14元水平分兩注沽出，整體仍錄得近33%回報，大大蓋過了早前不足6%的虧損。

盲目堅持持倉而不止蝕，只會令投資者失去客觀的判斷能力（因為除了等待外已不知道如何自處），同時亦會加大股價下行的風險（理論上重大支持位置已失守）。在等待股價回穩時才追入，雖然成本相應提高（包括已變現的虧損及高追的成本），但卻可避免錯失捕捉重大升浪的機會。

當然，如果讀者重複出現「止蝕、高追再止蝕」的情況，那便是在基本的投資策略上（包括對股票的分析，或者是訂立止蝕的位置）的問題了。

總結

沽了別回頭

# 沽了別回頭

由於筆者已有多年投資分享經驗，每年跟讀者分享的二線股也不下數十隻。但筆者往往遇上一個情況，就是在表明讀者可按自己的計劃獲利離場、而筆者再也不會跟進的情況下，仍有讀者在相關股份急回時問到：「現時股價已回落至XXX水平，甚至比你建議買入的位置更低，我是否應該趁低吸納？」

出現如此想法，往往是基於兩大原因：

1)由於投資者曾經在相關投資中獲利，認為自己對公司的認知較深。加上有「食過翻尋味」的心態，自然希望在同一隻股份再次獲利。

2)投資者往往受到過去股價的高位（或低位）所影響，而作出了錯誤的判斷。就以實戰篇中的百仕達控股為例，其股價曾在筆者推介後一度高見1.97元，現時股價卻回落至約0.3元附近水平，與高位比較的話便會出現「超值」的錯覺。

實際上筆者在發掘個別二線股後，除非其基本因素真的長期處於極度吸引水平（如中遠海運國際）、又或者是筆者仍持有一定低成本（甚至是零成本）的股份，筆者才會繼續留意其股價的變化及相關的新聞資訊。否則，筆者一般不會在二線股大幅回落時再次吸納股份。讓筆者再次以百仕達控股作為例子，跟大家解釋一下原因：

## 1) 炒作概念有時間性，難以複製

當初建議買入百仕達控股，主要是由於眾安在線的上市概念。現在眾安已成功上市，最吸引的炒作誘因及憧憬已不再存在（近日因眾安在線 H 股全流通而再次出現炒作，但不在本書探討範圍之內）。既無核心持有股份的信心，那又為何要勉強自己再投資呢？

## 2) 歷史股價的錯覺

百仕達控股之所以能夠升上 1.97 元，全因市場憧憬眾安在線急升而帶動其估值向上。但眾安在線長期低迷（現價較上市價 59.7 元仍下挫逾 50%），而百仕達的內地房地產本業亦未見突出，投資者又怎可能與當時的股價直接作比較呢？

# 3) 值博空間逐步下降

在客觀條件不變的假設下，第一浪的升勢永遠是最吸引，但其後每次反彈的值博率亦隨之下降。首先，在股價急升過後市場的關注度大幅提高，而回落的時候亦會吸引短期投資者進場「撈底」。但隨著每次撈底失敗，於高位累積的蟹貨亦會逐步提高，再加上原先在低位入貨者的獲利沽壓，令到上升的阻力越來越大。正如筆者強調，計算值博率為投資的關鍵所在。既然值博率下降的話，那又何必冒險進場呢？

亦由於上述的原因，即使部份實戰篇中的例子近期公布了最新的業績，筆者亦無意花時間再和讀者逐一分享（中遠海運國際已是按最新的財務報告作分享）。

其實現時香港有超過四千間上市公司，而且上市公司的數目亦只會有增無減（新上市公司的數目遠高於除牌的公司），要在當中尋找有價值的二線股亦非難事，問題亦只在於讀者是否有如此時間和耐性。世上並沒有免費的午餐，想找出超值的二線股份，那還要看讀者的付出有多大了。

# 附錄
## 給新手的投資建議

# 給新手的投資建議

有不少投資新手，在初初投身股票市場時皆會感到茫然，完全不知從何入手。同時，亦會因為經驗不足而處處碰壁。作為一個過來人（筆者廿多年前也是一位新手），筆者在下文提供了一些建議，希望讀者能夠減少「交學費」的情況：

## 1. 培養閱讀財經新聞的習慣

筆者所指的並非報章上推介股票的文章，而是那些有關本港甚至是國際性的新聞，例如有關各國央行的議息會議記錄，中國政府部門宣布的國家政策，甚至是外匯、油價或金價的走勢等。此類新聞主要是如實報導事情或是提供客觀的數字，並不存在主觀性的分析。雖然讀者未必能夠從中找到相關的投資機會，但日積月累下亦會加深對市場的了解。能夠對宏觀經濟有基本的認識，接下來尋找投資機會亦會相對容易。

當讀者對環球時事有了基本認識後，大家便可以進一步留意和股市關係性較大的新聞，例如港交所的公告、主要股東的權益變動、財務報告等等。筆者過去亦是利用這些公開的資訊，發掘了不少回報豐厚的二線股份。

## 2. 不要輕易相信坊間分析

現時網絡資訊發達，要拿取坊間貼士可說是易如反掌。特別是二線股份，市場經常會傳出不少未經證實的小道消息，對投資新手而言，任何分析和炒作概念看起來也可以是合情合理。但大家要接受一個事實，世上並沒有免費的午餐，如果精確的分析或準確的內幕消息（緊記內幕交易是犯法的）可以垂手可得，那每個人投資股票也可以大賺，世上亦沒有窮人的存在了。

在未有能力自我進行分析和判斷，參考別人的分析方法也是一種學習途徑，但切勿將此視為賺錢獲利的捷徑。而在參考過後，亦需要自行作出判斷及分析才落實進行投資。緊記要真金白銀付出的是自己，虧本時亦沒有人會為讀者負上責任。

## 3. 資金有限該如何取捨

正如早前的文章提到，千萬不要相信一注獨贏的存在，特別是對於新手而言，蝕本的可能性遠比獲利的可能性為高。對於資金有限的新手，筆者會先建議大家以指數ETF為首個入市目標。對新手而言，買賣指數ETF同時具備數個好處：

- 指數ETF等同於同時投資於一籃子一線股份，免除了重注單一股票的風險。

- 指數ETF波動性相對較低，投資者的心理壓力亦較輕。

- 買賣差價窄，交易成本亦較低（因政府於2015年開始轄免所有ETF印花稅）。

當大家累積了一定的實戰經驗和資金後，便可以參考前文的建議分注買入二線股份投資了。


## 4. 避免進行槓桿式投資

不少新手因資金有限的問題，選擇買入衍生工具（如期權、認股證及牛熊證）作投資，期望以槓桿形式去倍大回報從而建立本金的基礎。更甚的是，部份更會透過孖展形式投資期貨市場，或是借錢去

擴大投資的比例。採取這些行動的人，背後都犯上了同一個錯誤，就是將上行回報的可能性無限放大，卻未有考慮到損失風險亦無止境放大（如涉及借貸）。

衍生工具並沒有實質性資產作為基礎，期權及認股權證會因時間值的損失而變成廢紙，不可能抱有長期持有的概念；而牛熊證更因為存在回收價的條款而出現突然死亡的情況，對認知不多的新手而言風險只會更大。至於借錢投資，除了有被斬倉的可能性而「輸凸」（本金盡失外還要負上額外的債務）外，要取得額外回報（去抵銷借貸成本的開支）亦令投資難度大大提高。

而二線股的波動性往往比一線股份更高，回報的時間亦較難掌握。即使信心再大，同樣亦不要以借錢投資作為大前提。

## 5. 投資應有適當的計劃

在投資之前，如果能夠先訂好一個周詳的計劃，那出現損失的可能性便會大大下降；當遇上預期以外之變化，亦更容易即時作出判斷。讀者不妨參考「1.4投資心法：先確認6大指標」，嘗試以自己的方式建議一套獨特的投資計劃。

計劃訂好了便要切實執行，別讓任何理由或藉口而改變自己的原有計劃（特別是止蝕）。當然知易行難，那便只有靠讀者們自己好好經歷了。

## 6. 勇於止蝕

在CFA中有一個題目為行為金融學（Behavioral Finance），當中提到投資者有一種慣常行為，就是不願意面對失敗而拒絕止蝕。但正如自序所提及，筆者在新手階段也交了不少學費，而即使是投資老手亦沒有可能出現百戰百勝的情況。能夠勇於止蝕，等同樂於面對失敗，亦可減低了本金損失的可能性。有本未為輸，再透過檢討和累積經驗去改善投資技巧，成功之時亦指日可待。

## 7. 心態影響投資表現

這亦是筆者在新手時的經驗之談，「越窮越見鬼」確有其事。

當投資虧損的時候，除了未有願意止蝕的問題外，心急追回損失亦是另一個新手常犯的錯誤。當投資者抱有「心急」的態度時，焦點就會集中於回報之上而忽略了下行的風險，值博率亦自然大幅下降。在未能作出理性投資的情況下，出現損失的可能性亦自然更

高。直到新手發現自己墜入這個循環性陷阱時，可能已付上了極其高昂代價。

這種人性的表現，並非三言兩語可以作出修正。因此，筆者會建議讀者訂下一個客觀標準去暫停交易（例如連續三次交易損手，或總本金損失逾10%等等）。一方面可以讓自己的心態有所平復，另一方面亦可以給予自己時間檢討問題所在。

## 8. 不要勉強進行投資

單在本港上市的公司已有數千隻，而每日市場亦充斥不同的新聞和消息，要找一個理由去買股票可說是非常容易。而二線股份對指數表現的關係性不高，更是升市和跌市皆存在不少機會，這亦造成不少新手存有強逼自己投入市場的心態。

但讀者們應該知道，股票市場長開（有如賭場一樣）而機會永遠存在，入市與否應視乎值博率而非為買而買。今天能夠忍手不買，說不定能在明天以更吸引的位置買入，甚至是發掘到另一個更加吸引的投資機會。重回資金有限的那一點，大部份新手難以無止境地將資金投資市場，所以每一次投資亦應先考慮清楚才作決定。投資始終是一項長遠的行為，短暫的休息亦只是為了長遠的將來作更佳的準備。

**Wealth 119**

| | |
|---|---|
| 作者 | K Sir（曾澤盛 Tony） |
| 出版經理 | 呂雪玲 |
| 責任編輯 | Wendy Leung |
| 書籍設計 | Marco Wong |
| 相片提供 | Getty Images |

| | |
|---|---|
| 出版 | 天窗出版社有限公司 Enrich Publishing Ltd. |
| 發行 | 天窗出版社有限公司 Enrich Publishing Ltd. |
| | 香港九龍觀塘鴻圖道78號17樓A室 |
| 電話 | (852) 2793 5678 |
| 傳真 | (852) 2793 5030 |
| 網址 | www.enrichculture.com |
| 電郵 | info@enrichculture.com |
| 出版日期 | 2020年6月初版 |

| | |
|---|---|
| 承印 | 嘉昱有限公司 |
| | 九龍新蒲崗大有街26-28號天虹大廈7字樓 |
| 紙品供應 | 興泰行洋紙有限公司 |

| | |
|---|---|
| 定價 | 港幣 $138　新台幣 $580 |
| 國際書號 | 978-988-8599-43-1 |
| 圖書分類 | (1)投資理財　(2)工商管理 |

**支持環保**　此書紙張經無氯漂白及以北歐再生林木纖維製造，並採用環保油墨。